中崇信系列丛书之十一

农村集体经济组织税收问题研究

戴琼◎著

中国财经出版传媒集团
中国财政经济出版社

图书在版编目（CIP）数据

农村集体经济组织税收问题研究／戴琼著．--北京：中国财政经济出版社，2021.7
（中崇信系列丛书；之十一）
ISBN 978-7-5223-0603-2

Ⅰ.①农…　Ⅱ.①戴…　Ⅲ.①农村经济－集体经济－税收管理－研究－中国　Ⅳ.①F812.42

中国版本图书馆CIP数据核字（2021）第119596号

责任编辑：马　真　　　　责任印制：党　辉
封面设计：智点创意　　　　责任校对：徐艳丽

农村集体经济组织税收问题研究
NONGCUN JITI JINGJI ZUZHI SHUISHOU WENTI YANJIU

中国财政经济出版社 出版
URL：http：//www.cfeph.cn
E-mail：cfeph@cfeph.cn

社址：北京市海淀区阜成路甲28号　邮政编码：100142
营销中心电话：010-88191522
天猫网店：中国财政经济出版社旗舰店
网址：https：//zgczjjcbs.tmall.com
北京鑫海金澳胶印有限公司印刷　各地新华书店经销
成品尺寸：170mm×240mm　16开　15.5印张　150 000字
2021年7月第1版　2021年7月北京第1次印刷
定价：65.00元
ISBN 978-7-5223-0603-2
（图书出现印装问题，本社负责调换，电话：010-88190548）
本社质量投诉电话：010-88190744
打击盗版举报热线：010-88191661　QQ：2242791300

前言

Preface

农村集体经济不仅是农村集体经济组织成员赖以生存的物质基础，还是党中央基层执政的基础。[①] 加强农村集体经济建设，是优化农村地区资源配置、提高公共服务能力、完善乡村社会治理、促进地区稳定、实现共同富裕的重要保障。中央历来十分关注农村基层政权建设和农村集体经济的发展。习近平总书记强调，要把发展壮大村级集体经济作为基层党组织一项重大而紧迫的任务来抓，增强基层党组织的凝聚力，提高村级组织服务群众的能力。因此，发展农村集体经济不仅是经济问题，更是关系到党在农村执政基础和执政地位的重大政治问题。[②]

近年来，国家修订和颁布了一系列法律、制度和文件，就如何壮大农村集体经济和提升农村集体经济发展能力谋划路径、指明方向、提供保障。尤其是随着农村城镇化改造的推进、乡

① https：//m. tech. China. com/redian/2021/0527/052021_787297. html.

② 盛运，《发展村级集体经济的对策与路径》，福州日报，2020 年 09 月 01 日。

村振兴战略的实施，农村集体经济组织作为农村集体经济的主要载体，逐步从第一产业向第二、第三产业转移，新型经济业态不断涌现，农村集体经济的组织形式不断演进，其服务内容和范围不断拓展，无论是经营业务内容、经营活动性质，还是产权形式、管理体制机制都发生了显著变化。但与之相适应的税收政策调整，却远远滞后于当下农村经济发展的总体变化，农村集体经济组织发展中的具体现实问题亟须相应的税收政策加以明确和规范。遗憾的是，目前针对我国农村集体经济组织税收问题的研究文献寥寥无几。

本书从农村集体经济组织形式及其运行方式入手，在系统分析目前农村集体经济组织日常经营活动的税收管理状况与综合负担的基础上，结合在目前财政转移支付尚不足以全面覆盖农村地区公共服务与公益事业支出的背景下，农村集体经济组织既必须作为独立主体参与激烈的市场竞争，又必须承担起本社区集体经济组织成员基本生活保障和社会公共服务责任的客观现实，建设性地提出了农村集体经济组织税收管理的逻辑架构，为构建农村集体经济组织这一特殊法人实体税收政策体系提供底层思维逻辑。在此基础上，对农村集体经济组织发展过程中遇到的具体税收征管问题提出了明确的建议和意见，为下一步农村集体经济组织相应经济活动的税收政策制定提供参考，也为进一步加强农村集体经济组织税收问题研究抛砖引玉。

本书的第1章对目前农村集体经济组织税收问题研究现状做了简要介绍。第2、3章分别系统研究了在目前我国农村集体经济产权制度改革尚未全面完成的特定时期，各类农村集体经济组织的组织形式和运行机制，以及农村集体经济组织税收现状和综合负担情况，为构建农村集体经济组织税制建设的逻辑架构奠定基础。本书的第4章明确提出了农村集体经济组织税制建设的原则和逻辑架构，为解决农村集体经济组织的具体税收问题构建了底层逻辑。从第5章至第11章，分别对农村集体经济产权制度改革、农村集体经济组织清产核资、回迁房和农民安居工程建设、农村集体经营性建设用地入市交易等重要经济行为，以及农村集体经济组织及其所属企业间资产划转、资金占用与利润分配等重要经营活动所面临的税收管理问题，提出了具体的建议和意见。

为节约篇幅，笔者对农村集体经济组织广泛涉及的增值税差额征税、专用发票开具、不得抵扣增值税情形，以及企业所得税税前扣除票据管理和企业所得税税前扣除成本费用的比例与依据等问题，均以附录形式列示于本书最后，以方便读者查阅。

要感谢各级农村经济管理部门和税务机关的领导们对笔者的信任与支持，让笔者有机会参与农村集体经济组织税收问题的相关讨论与研究！感谢中国财政经济出版社的领导和会计分社的樊清玉社长对本书出版所给予的大力支持和帮助！

囿于笔者智识和能力，书中错谬与偏颇之处在所难免，敬请各位前辈和同仁批评指正！来函可致 zdcpa@ vip. 163. com。

戴琼于北京

2021 年 5 月 25 日

目录

Contents

第1章 绪　　论

农村集体经济作为国民经济的重要组成部分，是广大农村集体经济组织成员赖以生存和发展的重要物质基础，是优化农村地区资源配置、提高公共服务能力、完善乡村社会治理、促进地区稳定、实现共同富裕的重要保障。农村集体经济组织[①]作为农村集体经济的主要载体，是集体经济组织成员有效行使集体资产所有权、经营权和收益权的保障。加强农村集体经济组织税收问题的研究，构建适应农村集体经济组织发展的税收政策体系，是进一步激发农村集体经济组织活力、助力脱贫攻坚和全面小康，发展新型农村集体经济、提高农村集体经济组织成员福祉的客观要求。

---

① 从狭义上讲，农村集体经济组织包括村经济合作社或村股份经济合作社、乡（镇）合作经济联合社和乡（镇）股份经济联合社。但由于现阶段农村集体经济产权制度改革尚未完全到位，甚至在一部分地区，一些农村集体企业还代行着农村集体经济组织的管理职能；在具体经营活动中，农村集体经济组织与其所属企业还存在着不可分割的关系。因此，本书在具体问题的研究中，把农村集体经济组织所属企业也纳入了研究范围。

1.1 研究背景

随着农村集体经济产权制度改革的不断深化，2018年6月，多部门联合下发了《关于开展农村集体组织登记赋码工作的通知》。这是农村集体经济产权制度改革进程中具有里程碑意义的一件大事。《农村集体经济组织登记证》的启用，确立了农村集体经济组织特殊法人实体的法律地位。取得特别法人资格的组级、村级、乡（镇）级集体经济组织，可以独立自主地以法人身份进行生产经营活动。与此同时，农村集体经济组织作为独立法人主体，也就面临着依法缴纳各项税款的义务。根据现行税收政策体系，农村集体经济组织需要依法申报和缴纳包括增值税、城市维护建设税、教育费附加及地方教育附加、企业所得税、房产税、城镇土地使用税、耕地占用税、印花税等在内的多项税费，农村集体经济组织的税收管理问题日渐凸显。

随着城市化进程的不断推进，农村集体经济组织的主营业务不断从农业生产环节向第二、第三产业转换，生产经营活动发生显著变化，新型业态不断涌现，农村集体经济组织的应税范围不断扩大，而税收政策调整滞后于当下农村经济发展的总体变化。2017年“中央一号”文件明确提出，要研究制定支持农村集体产权制度改革的税收政策。2019年2月19日，中共中央、国务院发布《中共中央国务院关于坚持农业农村优先发展做好“三农”工作的若干意见》，其中再次明确指出，要深入推进农村集体产权制度改革，研究完善适合农村集体经济组织特点的税收优惠政策；尽快出台新型农村集体经济组织税收法规，多措并举，真正发挥税收的经济杠杆作用，促进农村集体经济发展壮大。

1.2 研究意义

目前，为妥善应对快速环境变化带来的机遇与挑战，我国正致力推动以国内大循环为主体、国内国际双循环相互促进的新发展格局。发展和壮大农村集体经济，不仅是推动国内大循环向纵深发展，引领农民实现共同富裕的重要途径，还是关乎整个社会稳定和发展的重大问题。

加强对农村集体经济组织税收问题研究，构建符合新型农村集体经济组织特殊地位的税收政策概念框架，尽快出台适应农村集体经济组织发展的税收优惠政策，充分利用税收的杠杆作用，优化资源配置、促进产业融合、降低税费负担、提高运行效率、支持农村集体经济组织的经营发展，是确保农村集体经济健康快速发展的有效途径。

1.3 研究现状

农村集体经济组织是我国社会主义公有制下的特殊组织形

式，它与国外的农场主、农庄或农业开发公司有着完全不同的管理体制和运行机制；农村集体经济产权制度改革、清产核资、农村地区回迁房和农民安居工程建设等经济活动，是中国特色社会主义和特定历史阶段下的特定经济行为。其特殊的管理体制和运行机制以及其独特的经济行为，使得国外农业农村税收问题的研究成果对我国农村集体经济组织税收问题研究的借鉴意义非常有限。

我国自 2006 年 1 月 1 日起废止了《农业税条例》，随着农业税在全国范围内取消，国内学者对农村集体经济组织的税收问题研究有所减少，目前针对我国农村集体经济组织税收问题的研究文献寥寥无几。对农村集体经济的研究主要集中在农村集体经济的组织形式、管理体制机制、产权制度改革，以及农村集体经济的战略发展等领域。

随着农村城镇化和产权制度改革的不断深化，农村集体经济组织的生产经营范围和经营方式发生了重大变化，农业生产在农村集体经济组织收入中的占比越来越低。尤其是近年来乡村振兴的不推进，农村集体经济组织从传统的第一产业快速地与第二、第三产业融合，乡村旅游、特色小镇等特色经济的快速发展，为农村集体经济组织的发展注入了新的动力和活力。农村集体经济组织在产权制度改革、城镇化改造、新业态发展和提供新服务的过程中，面临着全新的业务结构和业务范围，亟须有适应、保障和促进其发展的税收政策作为其制度保证。从目前研究情况来看，王朝才、张立成（2010）对农村土地流转过程中的税收问题进行了研究和分析，但由于受到农村集体土地流转限制，以及营业税改征增值税后所带来的税制本身的变化，其对目前农村集体经济组织税收问题的指导意义非常有限；文雷、张淑慧（2013）以税收优惠政策理论为基础，提出了以税收促进新型农村合作经济组织发展的路径，强调在加强外部监管和内部治理的基础上，制定统一的针对农村合作经济组织的税收优惠政策。张钦霖（2014）对农村集体建设用地使用权流转的税收问题进行了研究，这是在农村集体建设用地入市交易试点后，对流转税所做出的分析和建议，但其并未涉及集体建设用地流转收益的所得税等其他税收问题；梁杏芬（2019）以广州市为研究范围，对股权收购模式旧村改造税收政策问题进行了研究，这对于回迁房和农民安居工程建设的税制问题有一定的借鉴意义。但其并未就农村地区回迁房和农民安居工程建设所涉及的有关税种提出系统性的解决方案；梁瑞智（2020）仅对农村股份经济合作社涉税核算问题进行了阐述，尚未涉及农村集体经济组织税制完善问题；黄延信、魏后凯等站在国家宏观治理的角度，对农村集体经济组织的未来发展提出了一系列的意见和建议。

综上，国内目前针对农村集体经济组织税收体系的构建和农村集体经济组织发展过程中特定经济业务的税收问题研究，尚待系统和深入进行研究。

1.4 研究方法与创新

基于农村集体经济组织表现的复杂多样性，笔者将采用逻辑分析、问卷调查和案例研究等研究方法，从农村集体经济的表现形式和运行方式入手，分析目前农村集体经济组织的税收及综合负担，并结合在目前财政转移支付不足以全面覆盖农村地区公共服务的背景下，农村集体经济组织既必须作为独立主体参与激烈市场竞争，又必须承担起本社区集体经济组织成员基本生活保障和社会公共服务责任的客观现实，创造性地提出农村集体经济组织税收管理的逻辑架构，为构建农村集体经济组织这一特殊法人实体税收政策体系提供底层思维逻辑；在此基础上，对农村集体经济组织在产权制度改革、农村集体资产清产核资、农村集体经营性建设用地入市交易，以及农村集体经济组织及其所属企业间的资产划拨、资金占用与利润分配等重点问题进行系统分析，为农村集体经济组织未来发展和特定经济行为的税收政策制定提出意见和建议。本书整体架构如图 1 - 1 所示。

本书的创新在于试图构建符合农村集体经济组织特殊属性和发展要求的税收征管逻辑架构，这不仅是促进未来农村集体经济发展的税收政策的基本逻辑和底层架构，也是完善税制改革过程应当厘清的基本问题。本书的难点在于直面当前农村集体经济组织发展过程中所面临的具体税收政策难点甚至是空白，为建立适应新型农村集体经济组织发展的税收政策体系提供参考。

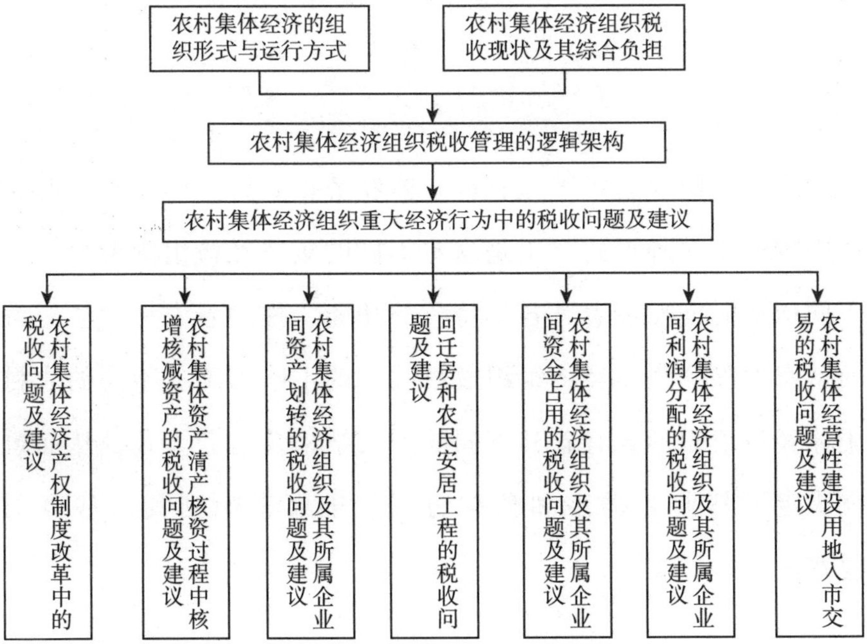

图1-1　本书整体架构

第2章　农村集体经济的组织形式及其运行方式

自新中国成立以来，农村集体经济在农村劳动者的不断实践中创造出多种形式。正是这些不同的集体经济组织形式，在不同历史时期发挥着其各具特色的功能，推动着农村集体经济的持续发展和集体经济组织成员收入的不断增加。不同的农村集体经济组织形式有着其不同的产权结构及运营方式，从而也就决定了其业务类型和分配方式，进而影响到其所涉及的税费。

2.1　农村集体经济组织的发展历程

农村集体经济组织作为中国20世纪50年代开始的农业集体化运动的产物，根据其不同属性，于雅璁、王崇敏（2020）；戴琼、于东家（2020）等将农村集体经济组织的发展分为四个阶段，即土地改革与土地私有制阶段（大致从1949年至1952

年)、农业生产合作社阶段（大致从 1952 年至 1958 年)、人民公社阶段（大致从 1958 年至 1978 年)、人民公社解体与健全乡村合作经济组织阶段（从 1978 年至今)。2014 年 10 月，随着中央政治局常委会会议审议通过《积极发展农民股份合作赋予农民对集体资产股份权能改革试点方案》，为我国开展农村集体资产产权改革试点奠定了制度基础；自此，农村集体经济组织产权制度改革全面展开，农村集体经济组织形式开始了产权层面的实质性变化。农村集体经济组织形式根据不同的产权构成，呈现出不同的特点并延续至今。

2.2　目前农村集体经济的主要组织形式及其运行机制

我国农村集体经济在历经农业生产合作社和人民公社时期的发展，逐步形成了以公社、大队、生产队三级所有，以生产队为基本核算单位的三级核算体制。随着“家庭联产承包责任制”改革的不断推进，逐步形成“家庭承包经营为基础、统分结合的双层经营体制”，探索多元化发展路径。目前，我国绝大部分农村集体经济仍是以乡（镇)、村、组三级所有，以组为基本核算单位的三级核算体系。

由于我国幅员辽阔，农村集体经济发展很不平衡，农村城镇化推进速度不同，各地产权制度改革进程各异、集体经济组织企业化改造差异较大。城镇化推进速度快的地区已经完成了

"整建制转居转工"，较慢的地区还尚未开始；产权制度改革进程较快的部分地区已经完成乡（镇）级产权制度改革，但一部分地区仍保留以组为基本核算单位；企业化改造快的地区已经完成了乡（镇）级企业集团化管理，但大部分地区尤其是经济欠发达地区仍待进一步落实现代企业管理制度。

截至目前，集体经济主要组织形式、产权特点及颁证单位归类如表 2－1 所示。

表 2－1　农村集体经济组织形式、产权特点及颁证单位

级别	组织形式	产权特点	颁证单位
乡级	乡（镇）股份经济合作联合社	集体成员所有，股份量化	农经管理部门
	乡（镇）资源资产股份合作联社	集体成员所有，股份量化	农经管理部门
	乡（镇）合作经济联合社	集体共同共有，股份不量化	农经管理部门
	乡（镇）农工商总公司	集体共同共有，股份不量化	市场监督管理部门
	乡属企业	投资人所有	市场监督管理部门
	乡（镇）专业合作社	参与成员所有，股份量化	市场监督管理部门
	专业技术协会	参与成员所有，股份不量化	民政部门
村级	村级股份经济合作联合社	集体成员所有，股份量化	农经管理部门
	村土地股份联合社	集体成员所有，股份量化	农经管理部门
	村经济合作社	集体共同共有，股份不量化	农经管理部门
	村农工商公司（或村企业中心）	集体共同共有，股份不量化	市场监督管理部门

续表

级别	组织形式	产权特点	颁证单位
村级	村属企业	投资人所有	市场监督管理部门
	村级专业合作社	参与成员所有，股份量化	市场监督管理部门
	农民专业技术协会	参与成员所有，股份不量化	民政管理部门
组级	村级股份经济合作联合社××分社	集体成员所有，股份量化	农经管理部门
	村土地股份联合社××分社	集体成员所有，股份量化	农经管理部门
	村经济合作社××分社	集体共同共有，股份不量化	农经管理部门
	所属企业	投资人所有	市场监督管理部门

注：全国各地叫法不尽相同，经济合作社有的地区称为经济联合总社，也有的地区称为经济联合社；股份经济合作联合社也一样，有股份合作经济联合总社、股份合作经济联合社、股份合作经济社等不同称谓。

从上述不同集体经济组织形式的登记管理机构来看，主要有三种类型：

1. 在农村经济管理部门登记的组织形式及其运行机制

这类以经济（股份经济）合作社、资源资产（股份）联合社、合作（股份合作）经济联合社为代表。土地集体所有是这类集体经济组织形式的核心，以此为基础形成的经济积累和共同财产的产权归集体共同共有。同时，集体经济组织不仅承担着发展本区域经济的职能，还承担着提供本地区集体经济组织成员的基本生活保障、部分公共服务和乡村治理等社会和政治职能。

这类集体经济组织一般以行政区划为依据，是在传统社区的基础上发展起来的，具有较强的社区性；集体经济组织成员必须具备构成成员的条件且比较固定。从产权行使和管理体制来看，尽管制度明确生产资料归集体经济组织成员集体所有，但集体经济组织成员是一个集合、动态变化的概念，集体经济组织成员不能单独行使其所有权；集体经济组织管理主体往往与相应层级的政府组织或治理主体相重合，管理人员和从业人员也多来自集体经济组织内部。

这类集体经济组织可以根据集体经济组织产权是否量化，分为非股份量化社区型集体经济组织和股份量化社区型集体经济组织两类。

（1）非股份量化社区型集体经济组织是以社区（行政村或自然村、乡镇）为基本单位，其组成成员投入集体经济组织的资本（资产）尚未折股量化，其分配往往按人头而不是按股份分配。其运行机制如图 2－1 所示。

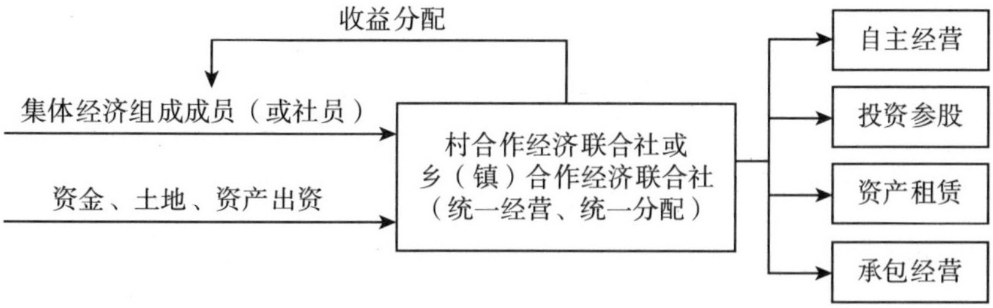

图 2－1　非股份量化社区型集体经济组织运行机制

（2）股份量化社区型集体经济组织。主要包括股份经济合作社、土地股份联合社和乡（镇）资源资产股份合作联社。股份经济合作社是在“资源变资产、农民变股民”的产权制度改革后的产物。土地股份联合社和乡（镇）资源资产股份合作联社包括以土地承包经营权（或以其为主要资产形式）入股参与经营活动的村土地股份联合社和乡（镇）资源资产股份合作联社。股权量化社区型集体经济组织的组成成员仍是以社区（行政村或自然村、乡镇）为基本单位，但集体经济组织的资产已经折股量化，其收益不再按人头而是按股份进行分配。其运行机制如图 2－2 所示。

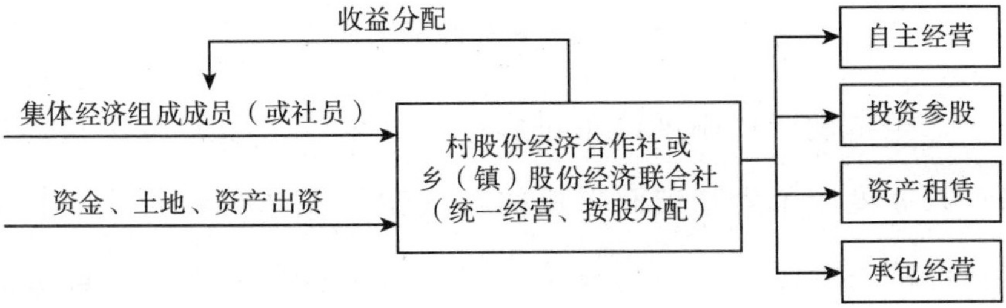

图 2－2　股份量化社区型集体经济组织运行机制

此外，在尚未理顺农村集体经济组织之间产权关系的运行模式中，有两种情况：

一是乡（镇）经济合作总社和村级经济合作社之间没有形成合理的股权投资关系，其股权关系和分配模式如图 2－3 所示。

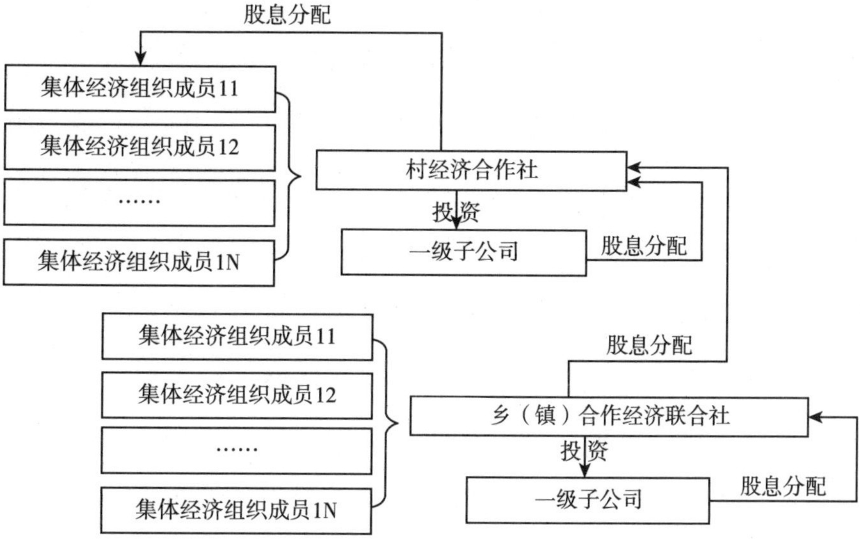

图 2－3　尚未形成投资关系的村经济合作社与乡（镇）合作经济联合社

二是早期产权制度改革过程中，以全乡（镇）范围集体经济产权制度改革为基础而形成的乡（镇）集体经济组织与村级集体经济组织之间的逆向投资关系，其产权关系及其分配方式如图 2－4 所示。

随着农村集体经济产权制度改革法律法规日臻完善，近期产权制度改革后形成的组织架构产权关系日渐清晰，更有助于连接集体经济组织成员和经营实体的生产经营活动，也解决了利润分配时的税收问题，其产权关系和运作模式如图 2－5 所示。

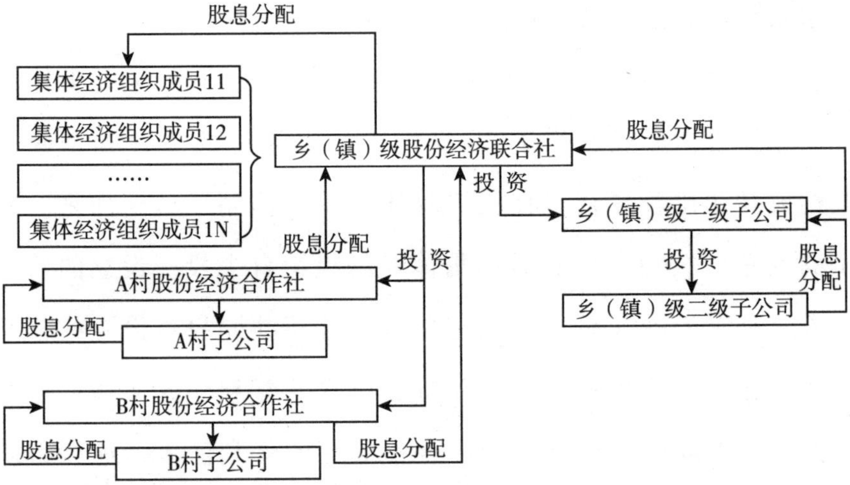

图 2－4　村股份经济合作社与乡（镇）股份经济联合社之间的逆向投资关系

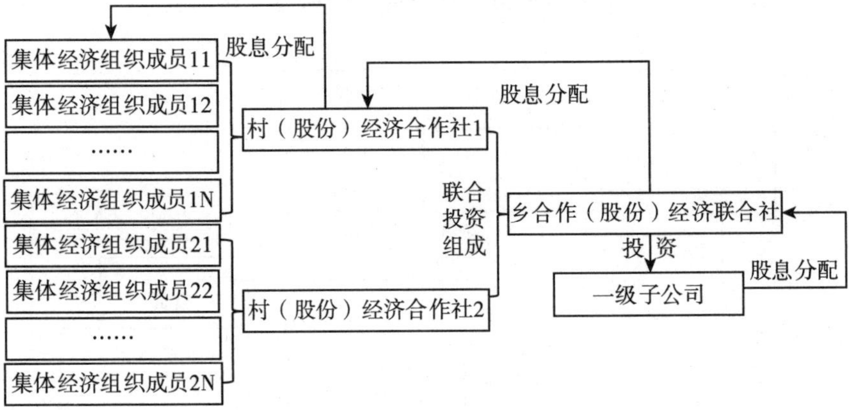

图 2－5　近期产权制度改革后集体经济组织之间的产权关系

2. 在市场监督管理部门登记注册的组织形式及其运行机制

在市场监督管理部门登记注册的农村集体经济组织形式主

要包括集体企业和农村专业性合作社。

（1）集体企业。包括乡（镇）级集体企业和村级集体企业。这类组织形式发祥于20世纪五六十年代的“社办企业”，其构成往往比较复杂，有从“政社合一”体制下转变而来的农工商（总）公司，也有后期集体经济组织自主投资设立的营利法人；有农工商（总）公司与所投资公司共同投资设立的营利法人，也有交叉持股甚至循环持股设立的营利法人实体；还有与民营经济或国有经济合资、合作成立的营利法人。这类组织形式拥有独立的法人财产权，并与所有者之间形成委托代理关系。与集体经济组织一样，集体经济组织成员同样无法单独行使其所有权。其产权关系和运作模式如图2－6所示。

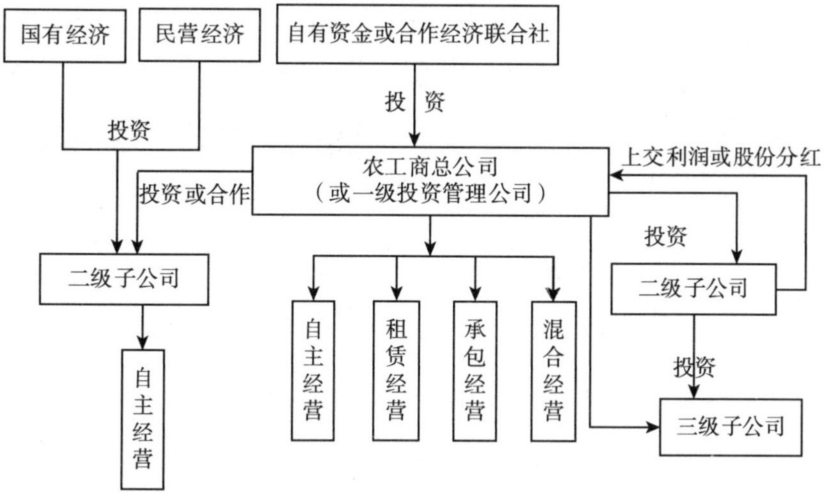

图2－6 集体企业产权关系及运行模式

但应当注意的是，在尚未进行产权制度改革的地区，由于历史原因，农工商总公司在市场监督管理局登记的投资主体往往是集体经济本身或乡（镇）人民政府；在早期完成产权制度改革的地区，农工商总公司往往还承担着集体经济组织的部分管理职能，而并非严格意义上的企业法人。集体企业往往与集体经济组织之间还没有形成比较明晰的产权关系和管理机制。

（2）农村专业性合作社。这类组织是农民在生产经营过程中为应对激烈竞争的市场环境、发挥专业优势和产业聚集效能，依据“入社自愿、退社自由”原则，按照合作社章程约定投入资产或劳动力而形成的产权明晰、成员构成边界清晰的一种组织形式。农村专业性合作社实行分工合作，管理人员民主选举、重大经营活动民主决策，收益采用按股份分配或按贡献分配，有利于充分发挥集体行动和入社成员自主经营两个方面的优势。这类专业性合作组织有效整合了组成成员拥有的资源，促进了农业产业化和规模化经营、降低了风险和交易成本，提高了生产技术和成员的收益水平，有利于实现共同发展目标。其产权关系和运作模式如图 2－7 所示。

3. 在民政部门登记的组织形式及其运行机制

在民政部门登记的农村集体经济组织主要是专业技术协会。这类组织是由从事同类农产品生产、经营的农户，在自愿、平等、互利的基础上成立的以技术交流、技术服务为主的自我管理、自我服务、自我发展的组织。该类组织的经费来源一般以参与者缴纳一定的会费或出资为条件，协会运用会员出资和政府资助向会员提供服务。该类组织一般不是以营利为主要目的。其产权关系和运作模式如图 2－8 所示。

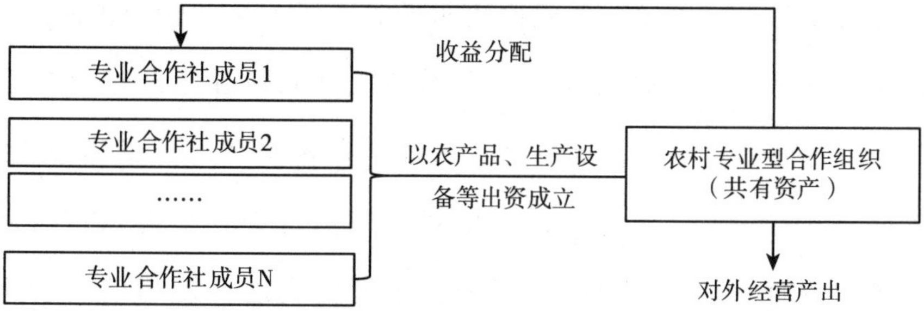

图 2－7　农村专业型合作组织的产权关系及运行模式

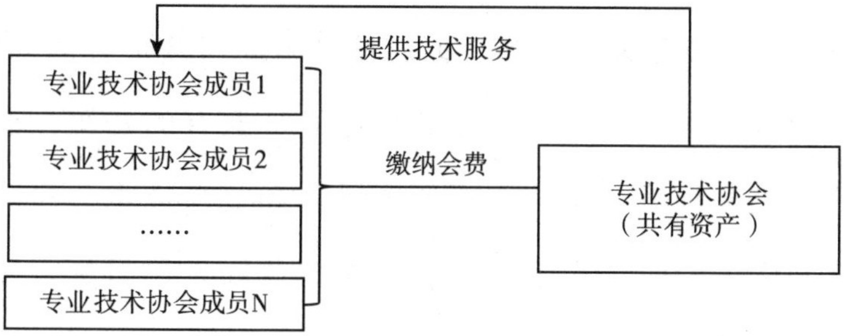

图 2－8　专业技术协会的产权关系及运行模式

此外，还有一种类型是农村集体经济组织的联合体——“公司＋农户”。尽管其不是独立的法人实体，而是由农产品经营企业通过与农户签订生产、销售（或收购）等合同而组成的分工合作经营共同体。这种基于供应链上下游的联合体，不具有“成员共有、民主管理”的特征，但它仍然具有“利益共享、共荣共生”的特点。“公司 + 农户”的运营模式一般是农产品经营公司向农户提供信息、技术、生产标准等，指导农户生产服务并按一定的价格标准收购农产品，以保证农户的收入（有些公司甚至还向农户提供其他利益）；农户则按经营公司的要求进行生产并将农产品出售给经营公司，以保证经营公司的生产和经营需要。“公司 + 农户”打破了传统的按地缘和社区的经济发展模式，促进了专业化分工和农业的产业化发展，形成了以经营企业为龙头，以专业化分工为基础，城乡结合、优势互补的新型经济组织形式。其运作模式如图 2 - 9 所示。

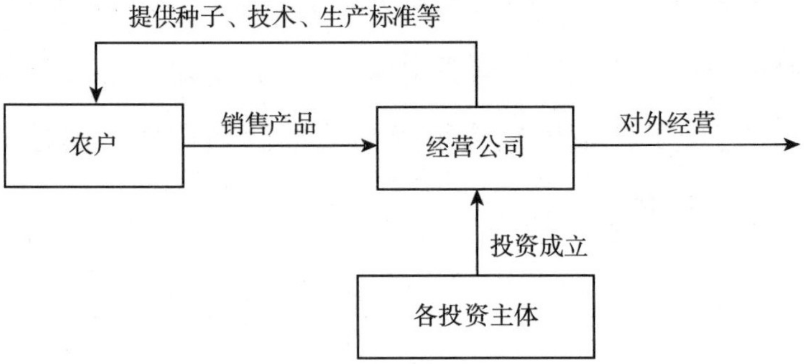

图 2 - 9　“公司 + 农户”的产权关系及运行模式

综上所述，不同的农村集体经济组织形式有着不同的产权结构和运行模式，由于其生产经营范围和所从事的具体经营活动不同，也就会涉及不同的税收问题。由于在市场监督管理部门登记注册的集体企业和专业性合作社，其本身是与其他企业一样属于营利法人，应当遵循税收公平原则，按照营利法人实体计算缴纳相关税款；而在民政部门登记的专业技术协会属于非营利组织，应按照民间非营利组织进行管理并按规定计算缴纳税款；而在“公司＋农户”的联合体中，纳税主体主要是“公司”而非农户。

因此，本书所研究的农村集体经济组织主要是指农村集体经济组织成员利用其所有的资源要素，为实现共同发展而通过合作与联合，并在农村集体经济管理部门登记的特殊法人实体，主要包括乡（镇）经济合作联合社、村经济合作社，或乡（镇）股份经济合作社、村股份经济合作社等。但在对农村集体经济组织重大经济行为的税收问题研究中，由于在该等经济行为中，农村集体经济组织及其所属集体企业密不可分，甚至其所属集体企业还代行了该集体经济组织的某些管理职能，因此，将其一并作为研究对象。

第3章　农村集体经济组织税收现状及综合负担

我国现行税制是根据不同的课税对象来确定税种、税目、税率、计税依据、减免税、纳税环节、纳税期限和纳税地点等税制要素的，课税对象也是区别征税与不征税的主要界限。一般而言，课税的对象包括商品与劳务、财产、所得或行为等。纳税人所从事的经济活动只要属于课税对象，就有可能需要按税法规定计算、缴纳税款。

3.1　农村集体经济组织税收现状

我国现行的税制体系是在经过1994年工商税制全面改革及2003年启动的新一轮税制改革的基础上，在2016年全面实施营业税改征增值税以后所形成的以商品劳务税为主体，其他类税收为辅助的复杂税收体系，现行的18个税种可以划分为六大类，如表3-1所示。

表 3-1　　我国现行税制下税收类型与具体税种

序号	税收类型	具体税种
1	商品劳务税类	增值税、消费税、关税
2	所得税类	企业所得税、个人所得税
3	财产税类	房产税、契税、城镇土地使用税、车船税、土地增值税、船舶吨税
4	行为目的税类	印花税、城市维护建设税、耕地占用税、车船购置税、环境保护税
5	资源税类	资源税
6	收益税类	烟叶税
此外，还包括教育费附加、地方教育附加、文化事业建设费等在内的多项附加费用		

由于农村集体经济组织是基于自然村镇为基础发展起来的，传统农村集体经济组织以从事农产品生产加工为主。但随着农村集体经济的发展和城镇化的不断推进，农村集体经济组织已经从传统农业向第二、第三产业融合发展，农村集体经济组织经营范围和收入结构发生了巨大变化。

1. 从事农产品生产加工取得收入涉及的税收

农村集体经济组织从事农产品加工生产并取得收入涉及的税费（包括各项税款和附加）大致如表 3-2 所示。

表 3-2　从事农产品生产加工取得收入涉及的税收

区分		销售免税农产品	销售蔬菜	销售粮食等低税率农产品	销售深加工农产品
增值税	税率或征收率	农业生产者销售自产自销农产品免征增值税	纳税人销售蔬菜免征增值税	9% 或 3%	13% 或 3%
	计税依据			按销售额计算销项税额，一般纳税人允许抵扣进项税额，外购农产品允许按规定计算抵扣进项税额；小规模纳税人不允许抵扣进项税额	
城市维护建设税	税率	不缴纳	不缴纳	市区的 7%，县城、镇的 5%，不在市区、县城或者镇的 1%	
	计税依据			依法实际缴纳的流转税额，应当按照规定扣除期末留抵退税退还的增值税税额	
教育费附加	费率	不缴纳	不缴纳	3%	
	计税依据			依法实际缴纳的流转税额	
地方教育附加	费率	不缴纳	不缴纳	2%	
	计税依据			依法实际缴纳的流转税额	
企业所得税	税率	从事农林牧渔业项目的所得可以免征、减征企业所得税		25%，符合小型微利企业税收优惠的，按财政部、税务总局公告 2021 年第 12 号处理	
	计税依据			应纳税所得额	
印花税	税率	农产品购销合同免征印花税		0.03%	
	计税依据			合同总金额，但不包括增值税	

此外，从事烟叶收购的农村集体经济组织还需要按《烟叶税法》和财税〔2018〕75号的规定，以收购烟叶实际支付的价款总额（即纳税人支付给烟叶生产销售单位和个人的烟叶收购价款和价外补贴，其中价外补贴统一按烟叶收购价款的10%计算），按20%的税率计算缴纳烟叶税。

2. 从事进口及销售产品与应税服务涉及的税收

农村集体经济组织从事进口及销售产品与应税服务取得收入的，其涉及税费大致如表3-3所示。

表3-3　从事进口及销售产品与应税服务涉及的税收

区分		进口及销售产品	销售应税服务
增值税	税率或征收率	13%，9%或3%①	按适用税率或征收率
	计税依据	按销售额计算销项税额，一般纳税人允许抵扣进项税额，外购农产品允许按财税〔2012〕38号、财税〔2013〕57号、财税〔2017〕37号等有关规定计算抵扣进项税额；小规模纳税人不允许抵扣进项税额	
城市维护建设税	税率	市区的7%，县城、镇的5%，不在市区、县城或者镇的1%	
	计税依据	依法实际缴纳的流转税，应当按照规定扣除期末留抵退税退还的增值税税额	
教育费附加	费率	3%	
	计费依据	依法实际缴纳的流转税额	
地方教育附加	费率	2%	
	计费依据	依法实际缴纳的流转税额	

① 小规模纳税人适用3%的征收率，后续的表中小规模纳税人征收率不再单独列示。

续表

区分		进口及销售产品	销售应税服务
文化事业建设费	费率	不适用	3%
	计费依据		提供广告服务取得的全部含税价款和价外费用，减除支付给其他广告公司或广告发布者的含税广告发布费后的余额
企业所得税	税率	25%，符合小型微利企业税收优惠的，按财政部、税务总局公告 2021 年第 12 号处理	
	计税依据	应纳税所得额	
印花税	税率	0.03%	
	计税依据	合同总金额，但不包括增值税	

此外，从事进口业务的农村集体经济组织还需要按照《进出口关税条例》及出口退税的相关规定，计算缴纳关税和出口退税。

3. 从事房屋建筑物租赁或集体土地租赁涉及的税收

随着城乡一体化建设的不断推进，房屋建筑物租赁收入和集体土地租赁收入逐渐成为城市郊区农村集体经济组织的主要收入来源，其涉及的税费情况大致如表 3－4 所示。

4. 从事房地产开发取得收入涉及的税收

随着农村城镇化的发展，农村集体经济组织充分利用城市周边的区位优势和土地资源优势，进行房地产开发并取得相应收入，其涉及税费情况大致如表 3－5 所示。

表 3－4　从事房屋建筑物租赁与集体土地租赁涉及的税收

<table>
<tr><th colspan="2">区分</th><th>房屋建筑物租赁收入</th><th>土地租赁收入</th></tr>
<tr><td rowspan="2">增值税</td><td>税率
或征收率</td><td>2016 年 4 月 30 日前开工建设 5%，2016 年 5 月 1 日以后开工建设 9%</td><td>2016 年 4 月 30 日前取得土地使用权 5%，2016 年 5 月 1 日以后取得土地使用权 9%</td></tr>
<tr><td>计税依据</td><td>取得的租赁收入总额</td><td>取得的租赁收入总额</td></tr>
<tr><td rowspan="2">城市维护建设税</td><td>税率</td><td colspan="2">市区的 7%，县城、镇的 5%，不在市区、县城或者镇的 1%</td></tr>
<tr><td>计税依据</td><td colspan="2">依法实际缴纳的流转税，应当按照规定扣除期末留抵退税退还的增值税税额</td></tr>
<tr><td rowspan="2">教育费附加</td><td>费率</td><td>3%</td><td>3%</td></tr>
<tr><td>计税依据</td><td>依法实际缴纳的增值税额</td><td>依法实际缴纳的流转税额</td></tr>
<tr><td rowspan="2">地方教育附加</td><td>费率</td><td>2%</td><td>2%</td></tr>
<tr><td>计税依据</td><td>依法实际缴纳的增值税额</td><td>依法实际缴纳的流转税额</td></tr>
<tr><td rowspan="2">房产税</td><td>税率</td><td>12%①</td><td rowspan="2">如果只是出租土地使用权，并且所出租土地上并无房产，则不符合《房产税暂行条例》规定的应税范围，目前尚不需要缴纳房产税</td></tr>
<tr><td>计税依据</td><td>在城市、县城、建制镇和工矿区的房产，以其取得的全部租赁收入计税</td></tr>
<tr><td rowspan="2">企业所得税</td><td>税率</td><td>25%，符合小型微利企业税收优惠的，按财政部、税务总局公告 2021 年第 12 号处理</td><td>25%，符合小型微利企业税收优惠的，按财政部、税务总局公告 2021 年第 12 号处理</td></tr>
<tr><td>计税依据</td><td>应纳税所得额</td><td>应纳税所得额</td></tr>
<tr><td rowspan="2">印花税</td><td>税率</td><td>1‰</td><td>1‰</td></tr>
<tr><td>计税依据</td><td>合同总金额，但不包括增值税</td><td>合同总金额，但不包括增值税</td></tr>
</table>

① 在城市、县城、建制镇和工矿区的自用房产，依照房产原值一次减除 10% 至 30% 后的余值计算缴纳，适用税率为 1.2%。

续表

区分		房屋建筑物租赁收入	土地租赁收入
城镇土地使用税	税率	在城市、县城、建制镇、工矿区范围内使用土地的单位和个人，采用定额税率。大城市 1.5—30 元；中等城市 1.2—24 元；小城市 0.9—18 元；县城、建制镇、工矿区 0.6—12 元	在城市、县城、建制镇、工矿区范围内使用土地的单位和个人，采用定额税率。大城市 1.5—30 元；中等城市 1.2—24 元；小城市 0.9—18 元；县城、建制镇、工矿区 0.6—12 元；根据财税〔2017〕29 号规定，在城镇土地使用税征税范围内，承租集体所有建设用地的，由直接从集体经济组织承租土地的单位和个人，缴纳城镇土地使用税
	计税依据	以纳税人实际占用的土地面积为计税依据。土地使用证上所载的面积或实际占用的土地面积作为计税面积	以纳税人实际占用的土地面积为计税依据。按实际出租面积作为计税面积

表 3-5　从事房地产开发取得收入涉及的税收

区分		国有土地开发项目收入	集体土地开发项目收入
增值税	税率或征收率	2016 年 4 月 30 日前开工建设 5%，2016 年 5 月 1 日以后开工建设 9%	2016 年 4 月 30 日前开工建设 5%，2016 年 5 月 1 日以后开工建设 9%
	计税依据	所开发项目取得的全部收入	所开发项目取得的全部收入
城市维护建设税	税率	市区的 7%，县城、镇的 5%，不在市区、县城或者镇的 1%	
	计税依据	按依法实际缴纳的流转税计算，应当按照规定扣除期末留抵退税退还的增值税税额	

续表

<table>
<tr><th colspan="2">区分</th><th>国有土地开发项目收入</th><th>集体土地开发项目收入</th></tr>
<tr><td rowspan="2">教育费附加</td><td>费率</td><td colspan="2">3%</td></tr>
<tr><td>计税依据</td><td colspan="2">依法实际缴纳的流转税金额</td></tr>
<tr><td rowspan="2">地方教育附加</td><td>费率</td><td colspan="2">2%</td></tr>
<tr><td>计税依据</td><td colspan="2">依法实际缴纳的流转税</td></tr>
<tr><td rowspan="2">土地增值税</td><td>税率</td><td>免税或30%、40%、50%、60%</td><td rowspan="2">不属于《土地增值税暂行条例》第二条规定的征税范围，但《土地增值税法（征求意见稿）》明确要求计算缴纳税款</td></tr>
<tr><td>计税依据</td><td>按税法规定计算的增值额</td></tr>
<tr><td rowspan="2">企业所得税</td><td>税率</td><td>25%，符合小型微利企业税收优惠的，按财政部、税务总局公告2021年第12号处理</td><td>25%，符合小型微利企业税收优惠的，按财政部、税务总局公告2021年第12号处理</td></tr>
<tr><td>计税依据</td><td>应纳税所得额</td><td>应纳税所得额</td></tr>
<tr><td rowspan="2">印花税</td><td>税率</td><td>0.05%</td><td>0.05%</td></tr>
<tr><td>计税依据</td><td>合同总金额，但不包括增值税</td><td>合同总金额，但不包括增值税</td></tr>
</table>

5. 取得拆迁补偿收入涉及的税收

农村集体经济组织在国家征用集体土地、旧城改造、非城市功能疏解等过程中，收取政府部门或政府委托拆迁企业支付的拆迁补偿款中，一般包括土地补偿款、地上附着物补偿款（房屋建筑物补偿款及其设备补偿款、青苗补偿款）以及停业停工损失、搬家补助费、支持工程奖等其他款项，其涉及的税费情况大致如表3－6所示。

表 3 – 6　　取得土地补偿款及拆迁补偿款涉及的税收

区分		土地补偿费	房屋建筑物补偿费	机器设备补偿费	停工综合补偿、搬家补助费、支持工程奖等	青苗补偿费
增值税	税率或征收率	财税〔2016〕36号规定免税①；但《土地增值税法（征求意见稿）》明确集体土地出让、转让均征税	2016 年 4 月 30 日前开工建设 5%，2016 年 5 月 1 日以后开工建设 9%。财政部、税务总局公告 2020 年第 40 号明确，自 2020 年 9 月 29 日以后免税	所拆设备适用 3% 简易征税的可减按 2%；适用一般计税方式的税率为 13%。财政部、税务总局公告 2020 年第 40 号明确，自 2020 年 9 月 29 日以后免税	不属于《土地增值税暂行条例》及其实施细则和财税〔2016〕36 号文件规定的应税范围	符合《土地增值税暂行条例》免税范围
	计税依据	免税	补偿总金额		不征税	免税

① 早在 2008 年，国税函〔2008〕277 号明确，纳税人将土地使用权归还给土地所有者时，只要出具县级（含）以上地方人民政府收回土地使用权的正式文件，无论支付征地补偿费的资金来源是否为政府财政资金，该行为均属于土地使用者将土地使用权归还给土地所有者的行为，按照《国家税务总局关于印发〈营业税税目注释（试行稿）〉的通知》（国税发〔1993〕149 号）规定，不征收营业税。国税函〔2009〕520 号进一步明确，《国家税务总局关于土地使用者将土地使用权归还给土地所有者行为营业税问题的通知》（国税函〔2008〕277 号）中关于县级以上（含）地方人民政府收回土地使用权的正式文件，包括县级以上（含）地方人民政府出具的收回土地使用权文件，以及土地管理部门报经县级以上（含）地方人民政府同意后由该土地管理部门出具的收回土地使用权文件。

续表

区分		土地补偿费	房屋建筑物补偿费	机器设备补偿费	停工综合补偿、搬家补助费、支持工程奖等	青苗补偿费
城市维护建设税	税率	不适用	市区的7%，县城、镇的5%，不在市区、县城或者镇的1%		不适用	免税
	计税依据		依法实际缴纳的流转税，应当按照规定扣除期末留抵退税退还的增值税税额			
教育费附加	费率	不适用	3%		不适用	免税
	计税依据		依法实际缴纳的流转税额			
地方教育附加	费率	不适用	2%		不适用	免税
	计税依据		依法实际缴纳的流转税额			
企业所得税	税率	25%，符合小型微利企业税收优惠的，按财政部、税务总局公告2021年第12号处理	25%，符合小型微利企业税收优惠的，按财政部、税务总局公告2021年第12号处理		25%，符合小型微利企业税收优惠的，按财政部、税务总局公告2021年第12号处理	25%，符合小型微利企业税收优惠的，按财政部、税务总局公告2021年第12号处理

续表

区分		土地补偿费	房屋建筑物补偿费	机器设备补偿费	停工综合补偿、搬家补助费、支持工程奖等	青苗补偿费
企业所得税	计税依据	按补偿收入和允许扣除成本的差额缴纳。符合政策性拆迁的按照国家税务总局公告2012年第40号和国家税务总局公告2013年第11号处理	按补偿收入和原房屋建筑物计税成本的差额计算缴纳；符合政策性拆迁的按照国家税务总局公告2012年第40号和国家税务总局公告2013年第11号处理	按补偿收入和原机器设备计税成本的差额计算缴纳；符合政策性拆迁的按照国家税务总局公告2012年第40号和国家税务总局公告2013年第11号处理	按补偿收入和允许扣除成本的差额缴纳；符合政策性拆迁的按照国家税务总局公告2012年第40号和国家税务总局公告2013年第11号处理	按补偿收入和允许扣除成本的差额缴纳；符合政策性拆迁的按照国家税务总局公告2012年第40号和国家税务总局公告2013年第11号处理
印花税	税率	不征税	0.05%	0.03%	不征税	不征税
	计税依据		合同总金额，但不包括增值税			

6. 取得政府拨付资金及其他应税收入涉及的税收

由于农村集体经济组织承担着本社区部分政治和社会职能，往往从政府有关部门获得各种专项补助或政府划拨资金，以及前述五大类收入以外的其他应税收入，其涉及的税收情况大致如表3－7所示。

表3－7　取得政府拨付资金及其他应税收入涉及的税收

区分		政府拨付各类专项资金收入	其他各类应税收入
增值税	税率或征收率	是否符合不征税或免税条件，符合不征税条件的，不征税；符合免税条件的，税率为0；应纳税收入，按款项性质适用不同税率	按收入性质不同，分别适用6%、13%的税率
	计税依据		取得的各类应税收入总额
城市维护建设税	税率	市区的7%，县城、镇的5%，不在市区、县城或者镇的1%	
	计税依据	依法实际缴纳的流转税，应当按照规定扣除期末留抵退税退还的增值税税额	
教育费附加	费率	3%	
	计税依据	依法实际缴纳的流转税额	
地方教育附加	费率	2%	
	计税依据	依法实际缴纳的流转税额	
企业所得税	税率	是否符合不征税或免税条件，符合不征税条件的，不征税；符合免税条件的，税率为0；应纳税的按25%的法定税率，按财政部、税务总局公告2021年第12号处理	25%，符合小型微利企业税收优惠的，按财政部、税务总局公告2021年第12号处理
	计税依据	应纳税所得额	应纳税所得额
印花税	税率	不属于应税合同和书据，不交税	按合同性质适用不同税率
	计税依据		合同总金额，但不包括增值税

3.2　农村集体经济组织的综合负担

在新中国成立后的很长一段时间，农村集体经济组织主要从事农业生产和农产品加工，在这一期间，由于存在广泛的农产品免税政策，税收负担很轻，尤其 2006 年取消农业税后，农民和农村集体经济组织几乎没有什么税收负担。但随着农村集体经济的不断发展，农村集体经济组织不断进入新的生产经营领域，农村集体经济组织无论从经营业务范围、经济活动性质、交易流程与结构等都发生了显著变化，其不仅存在较大的税收，还存在税收负担以外的社会和公益性支出负担。

1. 农村集体经济组织的税收负担情况

根据对某市农村集体经济组织 2017—2019 年收入与实际税费缴纳的统计分析来看，随着收入的增加，实际缴纳的各项税费也逐年增加，从总体税收负担来看，连续 3 年的税负率在 4%—6%。如果剔除符合免税条件的投资收益和土地补偿费收入，按照营业收入（主营业务收入和其他业务收入）计算，连续 3 年的税负率在 6%—10%。具体见表 3-8。

在农村集体经济组织所缴纳税款中，基于该市农村集体经济组织的经营特性，增值税、房产税、企业所得税三大税种占税费总额的比例在 85% 以上。其中增值税占比为 43%—51%、房产税占比为20%—35%、企业所得税占比为8%—15%。具体见表3-9。

表3-8　某市集体经济组织收入与实际缴纳税款分析表　金额单位：万元

项目	2017年	2018年	2019年
收入总额	1,672,610.83	1,821,719.73	2,027,304.55
其中：主营业务收入	388,248.41	401,308.60	409,942.69
其他业务收入	671,482.95	720,458.95	782,382.73
营业收入小计	1,059,731.36	1,121,767.55	1,192,325.42
实际缴纳各项税费总额	70,351.34	88,997.90	114,990.92
实际缴纳税费占总收入比例	4.21%	4.89%	5.67%
实际缴纳税费占营业收入比例	6.64%	7.93%	9.64%

2. 农村集体经济组织社会和公益性支出负担情况

目前，农村集体经济组织的社会和公益性支出尽管有来自财政拨款、接受有关各方捐赠、集体经济组织自筹等多种渠道，但其大部分均来自农村集体经济组织自身的积累，财政转移支付明显不足。根据对某市2017—2019年农村集体经济组织社会和公益性支出调查统计结果，农村集体经济组织社会和公益性支出规模逐年增加，3年来集体经济组织自筹资金占比均超过55%，而且负担比例也呈不断增长趋势。其中，社会和公益事业补助资金占比为27%—35%、自筹资金占比为57%—65%、其他资金来源占比为7%—9%。具体见表3-10。

表 3－9　各项税费占总税费比例分析表

金额单位：万元

项目	2017 年		2018 年		2019 年	
	金额	占比	金额	占比	金额	占比
各项税费总额	70, 351. 31		88, 997. 90		114, 990. 92	
其中：增值税	34, 222. 34	48. 64%	38, 394. 80	43. 14%	58, 325. 14	50. 72%
消费税	164. 464	0. 23%	228. 152	0. 26%	168. 81	0. 15%
资源税	15. 064	0. 02%	172. 112	0. 19%	477. 03	0. 41%
土地增值税	51. 736	0. 07%	61. 776	0. 07%	80. 32	0. 07%
城市维护建设税	1, 569. 11	2. 23%	1, 877. 78	2. 11%	1, 817. 58	1. 58%
房产税	21, 425. 00	30. 45%	25, 729. 50	28. 91%	33, 242. 89	28. 91%
土地使用税	2, 416. 44	3. 43%	2, 578. 18	2. 90%	4, 240. 97	3. 69%
契税	104. 224	0. 15%	1, 453. 82	1. 63%	43. 57	0. 04%
教育费附加	1, 509. 83	2. 15%	1, 695. 74	1. 91%	1, 744. 78	1. 52%
企业所得税	6, 157. 51	8. 75%	13, 370. 33	15. 02%	11, 910. 70	10. 36%
印花税	898. 65	1. 28%	1, 173. 70	1. 32%	554. 82	0. 48%
个人所得税	1, 070. 68	1. 52%	1, 408. 95	1. 58%	1, 514. 48	1. 32%
其他税费	746. 256	1. 06%	853. 06	0. 96%	869. 85	0. 76%
三大税种占比		87. 85%		87. 07%		89. 99%

注：表中教育费附加包含地方教育费附加。

表 3-10　　农村集体经济组织社会和公益性支出分析表

金额单位：万元

项目	2017 年		2018 年		2019 年	
	金额	占比	金额	占比	金额	占比
社会和公益性支出总额	321, 145. 13		429, 269. 38		436, 018. 69	
其中：社会和公益事业补助资金	108, 288. 59	33. 72%	140, 171. 58	32. 65%	115, 301. 76	26. 44%
自筹资金	185, 007. 93	57. 61%	259, 245. 54	60. 39%	282, 865. 21	64. 87%
其他资金来源	27, 848. 60	8. 67%	29, 852. 27	6. 95%	37, 851. 72	8. 68%

3. 农村集体经济组织整体负担情况

根据某市 2017—2019 年农村集体经济组织实际缴纳税费和自筹社会和公益性支出调查统计结果，农村集体经济组织实际负担与总收入比达到 15%—20%；如果按照实际负担与营业收入比计算，则已高达 24%—34%。具体见表 3－11。

表 3－11　农村集体经济组织整体负担分析表　金额单位：万元

项目	2017 年	2018 年	2019 年
收入总额	1, 672, 610. 83	1, 821, 719. 73	2, 027, 304. 55
其中：主营业务收入	388, 248. 41	401, 308. 60	409, 942. 69
其他业务收入	671, 482. 95	720, 458. 95	782, 382. 73
营业收入小计	1, 059, 731. 36	1, 121, 767. 55	1, 192, 325. 42
自筹公益性支出	185, 007. 93	259, 245. 54	282, 865. 21
实际缴纳各项税费	70, 351. 34	88, 997. 90	114, 990. 92
税费与自筹公益支出	255, 359. 26	348, 243. 44	397, 856. 13
负担收入总额比	15. 27%	19. 12%	19. 62%
负担营业收入比	24. 10%	31. 04%	33. 37%

从上述统计分析可以看出，在剔除农村集体经济组织自身运营成本和给予集体经济组织成员基本生活保障等刚性利益兑现的前提下，农村集体经济组织的实际社会负担已经占到其营业收入的 1/4 以上。

3.3 农村集体经济组织目前税收管理存在的问题

由于我国农村集体经济组织形成的历史渊源，以及城市化过程中农村劳动力向城市迁移所导致的农村人才匮乏所面临的客观现实，农村集体经济组织目前税收管理存在诸多问题。

1. 集体经济组织的特殊法人地位尚待强化

尽管农村集体经济组织在发展壮大农村集体经济中发挥着重要作用，但其身份和法律地位在很长一段时间内没有得到确认，身份不明确和法人地位的缺失，直接影响其作为纳税人的主体地位。2018 年 6 月，多部门联合下发的《关于开展农村集体经济组织登记赋码工作的通知》是农村集体产权制度改革进程中具有里程碑意义的大事，农村集体经济组织领取《农村集体经济组织登记证书》就可以公平参与市场竞争。但现实中，集体经济组织这一依据《民法通则》成立的特殊法人实体尚未为市场所普遍接受，从事生产经营活动还受到一定程度的限制，还不能享受到与企业法人等同的市场地位，还有相当一部分集体经济组织依据《公司法》的相关规定，在市场监督管理部门登记注册。

2. 集体经济组织管理的社区性尚未得到税收立法的重视

我国农村集体经济的发展有其特定的历史渊源和经济管理

的社区性，农村集体经济组织作为农村集体经济发展和维护地区稳定的主要载体，不仅承担着本社区的经济发展责任，有其作为市场主体生产经营活动的成本费用支出，还必须承担本社区集体经济组织成员基本生活保障、公益性和公共服务性支出，在财政资金转移支付不足的情况下，还承担了一部分政府事务性支出。要构建公平的税收环境，必须尊重集体经济组织的特殊法人地位，既要考虑其作为市场经济参与主体，与其他市场主体的税收公平，又要充分考虑集体经济组织在经济管理的社区性方面对其发展的现实负担。

3. 符合农村集体经济组织发展的税制设计思路需要重构

首先，随着城镇化的不断推进，农村城市化发展一方面逐渐打破了以血缘、地缘和宗族关系等为主要纽带的传统经济连接，也打破了以土地为主要经济载体的农村集体经济组织发展模式；另一方面，在新形势下进入城市的农村集体经济组织成员逐渐形成新的经济纽带和有机连接，并不断构建新的生产关系和生产力，成为城市化进程中衍生出的新问题，从而导致集体经济组织成员的社会和公共服务需求也发生重大而显著的变化。乡村振兴和农村城镇化任务重、成本高、难度大，在目前财政资金转移支付仅占社会和公益性支出约 1/3 的现实背景下，进一步加大了农村集体经济组织发展和管理的压力。其次，农村集体产权制度改革和新型农业经营体系建设不断推进，也对农村集体经济组织的产权结构、经济活动性质、交易流程和交易结构产生了重大影响。最后，随着乡村振兴的不断推进和数字经济的不断发展，农业快速向第二、第三产业转移和融合，数字经济对农村集体经济组织带来了巨大冲击，农村集体经济组织收入的主要来源和收入结构将发生重大变化。因此必须对农村集体经济组织的发展目标进行重新定位，对农村集体经济组织课税对象、税目、税率、计税依据、减免税、纳税环节、纳税地点等税制要素进行重新考量，重构并完善符合农村集体经济组织发展的税制设计思路，更好地激发集体经济组织活力，促进集体经济组织提高运营效率，最大限度地为农村集体创造效益和保障成员利益公平，巩固脱贫攻坚成果和落实乡村振兴战略。

4. 符合集体经济组织经营范围和产业领域的税收法律体系尚待完善

随着我国改革开放后经济的快速发展和工业化不断推进，为减轻农民负担，国务院自2004年开始实行减征或免征农业税的惠农政策，2005年12月29日，十届全国人大常委会第十九次会议决定，从2006年1月1日起正式废止《中华人民共和国农业税条例》。2017年“中央一号”文件也明确提出要“研究制定支持农村产权制度改革的税收政策”后，2019年2月，《中共中央国务院关于坚持农业农村优先发展做好“三农”工作的若干意见》中再次指出，要“深入推进农村集体产权制度改革，研究完善适合农村集体经济组织特点的税收优惠政策”。尽管《增值税暂行条例》、财税〔2016〕36 号文件及其后续相关税收法规，对农民和农村集体经济组织相关生产经营活动给予了一系列税收优惠，但随着产业链的不断延伸①，集体经济组织经营业务的应税范围不断扩大，现行农业税收优惠政策仍主要集中在销售初级农产品和初加工环节，无法涵盖集体经济组织的生产经营范围和产业领域。尽快构建符合集体经济组织经营范围和产业领域的税收法律体系，成为当前推动集体经济发展的重要制度基础。

5. 现行税制过于复杂不利于纳税遵从

目前，我国税收体系是包括商品劳务税、所得税、财产税、行为税、资源税、收益税在内的六大类 18 个税种。每一税种征税范围、税目、税率、纳税环节等都有其各自规定，仅以增值税税率和征收率为例，农村集体经济组织进口及销售产品与应税服务采用一般计税方法所适用的增值税税率包括 13%、9%、6%、0，共四档税率。一般纳税人根据经济业务性质不同，分别适用不同的税率。具体见表 3-12。

① 《扶持村级集体经济发展试点的指导意见》中明确指出，“农业要由生产环节向前、向后延伸，在更高层次、更大范围内实现一、二、三产业融合发展”。

表 3－12　进口及销售产品与应税服务的增值税税率

范围	税目	税率	备注
销售或进口货物	销售一般货物	13%	2018 年 5 月 1 日以前为 17%，2018 年 5 月 1 日—2019 年 3 月 31 日为 16%；2019 年 4 月 1 日起为 13%
	销售加工或修理修配劳务		
	进口一般物资		
	1. 粮食等农产品、食用植物油、食用盐 2. 自来水、暖气、冷气、热水、煤气、石油液化气、天然气、二甲醚、沼气、居民用煤炭制品 3. 图书、报纸、杂志、音像制品、电子出版物 4. 饲料、化肥、农药、农机、农膜 5. 国务院规定的其他货物	9%	2018 年 5 月 1 日以前为 11%，2018 年 5 月 1 日—2019 年 4 月 1 日为 10%；2019 年 4 月 1 日起为 9%
	出口货物	0	
销售服务	【交通运输服务】陆路、水路、航空运输服务和管道运输服务	9%	2018 年 5 月 1 日以前为 11%，2018 年 5 月 1 日—2019 年 3 月 31 日为 10%；2019 年 4 月 1 日起为 9%
	【邮政服务】邮政普通服务、邮政特殊服务和其他邮政服务		
	【建筑服务】工程服务、安装服务、修缮服务、装饰服务和其他建筑服务		
	【电信服务】基础电信服务		
	【电信服务】增值电信服务	6%	不变
	【金融服务】贷款服务、直接收费金融服务、保险服务和金融商品转让		

续表

范围	税目	税率	备注
销售服务	【生活服务】文化体育服务、教育医疗服务、旅游娱乐服务、餐饮住宿服务、居民日常服务和其他生活服务	6%	不变
	【现代服务】研发和技术服务、信息技术服务、文化创意服务、物流辅助服务、鉴证咨询服务、广播影视服务、商务辅助服务和其他现代服务	6%	不变
	不动产租赁服务	9%	2018 年 5 月 1 日以前为 11%，2018 年 5 月 1 日—2019 年 3 月 31 日为 10%；2019 年 4 月 1 日起为 9%
	有形动产租赁服务	13%	2018 年 5 月 1 日以前为 17%，2018 年 5 月 1 日—2019 年 3 月 31 日为 16%；2019 年 4 月 1 日起为 13%
	跨境销售规定范围内的服务	0	
销售不动产	建筑物、构筑物等	9%	2018 年 5 月 1 日以前为 11%，2018 年 5 月 1 日—2019 年 3 月 31 日为 10%；2019 年 4 月 1 日起为 9%
销售无形资产	技术、商标、著作权、商誉、自然资源使用权（除土地使用权外）和其他权益性无形资产	6%	不变
	转让土地使用权	9%	2018 年 5 月 1 日以前为 11%，2018 年 5 月 1 日—2019 年 3 月 31 日为 10%；2019 年 4 月 1 日起为 9%
	跨境销售规定的无形资产	0	

农村集体经济组织销售产品与应税服务适用的增值税征收率包括3%、5%、2%、0.5%四档，多达60种情形。具体见附录1。

对于农村集体经济组织而言，因其承担着维护区域经济发展和提供区域公共服务的双重职能，往往经营业务广泛多样但交易频次不高且规模较小，过于复杂的税制结构，集体经济组织很难适应且不利于其纳税遵从。

6. 税收优惠政策过于庞杂而难以落实

税收作为宏观调控的主要工具之一，既要实现总量调控，促进社会总供求的平衡，保持经济的稳定增长，又要实现结构调控，以实现产业结构、区域结构、分配结构协调，保持经济协调发展。在目前我国税种、税率法定的前提下，以税收减免为主体的税收优惠就不可避免地成为主要的税收政策工具。以与农村集体经济组织发展密切相关的扶贫攻坚税收优惠政策为例，除推动普惠金融发展的17项税收优惠外，直接涉及农村集体经济组织及农户的税收优惠政策多达88项。具体见附录2。

过度复杂的税收优惠政策，囿于农村集体经济组织财务核算和税务管理人才的水平，其落实程度远远不够，给利用税收优惠工具调节经济的职能带来较大不利影响。

7. 具体税收问题亟待规范和明确

我国税法制定的基础是营利法人，目前并未针对农村集体经济组织这一特别法人形成相应的税收体系。随着农村集体经济组织不断发展和壮大，农村城镇化和农村产权制度改革的不断推进、农村集体资产清产核资工作的实施，新型农村集体经济组织经济活动和经营行为不断发展变化，新情况、新业态、新问题层出不穷，容易形成某些税收漏洞甚至空白，如农村集体经济组织产权制度改革过程中的税收问题；农村集体经济组织清产核资过程中的税收问题；农村集体经济组织及其所属企业间资产划拨的税收问题；农村集体经济组织及其所属企业从事回迁房和农民安居工程建设的税收问题；集体经济组织及其所属企业间资金占用与利润分配的税收问题；农村集体经济组织集体经营性建设用地入市交易的税收问题等众多具体税收问题亟待进一步规范和明确。

3.4　对农村集体经济组织税收管理的建议

农村集体经济组织税收管理问题随着农村集体经济组织业务的不断丰富扩大而日趋复杂，目前亟须建立基于农村集体经济组织特殊属性的税收政策体系，建议如下：

1. 强化农村集体经济组织作为特殊法人实体独特的主体地位

在税制设计过程中，首先要厘清特殊法人实体与营利法人实体作为纳税主体的区别；其次是要充分尊重目前特殊法人实体在参与市场竞争时与营利法人之间市场主体地位差异的客观事实。

2. 充分尊重农村集体经济管理的社区性

一方面，农村集体经济组织成员构成、资产配置、收益分配等都受到现行法律法规的严格限制，并未实现真正意义上的有效市场内自由流动；另一方面，社区内资源和资产的转移，一般是基于政府主导下的资源调配，而并非市场行为，并不构成实质上的交易，也不产生实质性的收益。因此，在税制设计时，尤其要解决好社区内集体经济组织及其所属企业之间的资产占用、股份转让与重组并购的税收问题，充分考虑其社区经济发展中环境培育和资源导流所需要的税收优惠政策，为农村集体经济组织盘活存量资产、改善资源配置提供法治基础。

3. 构建符合农村集体经济组织特殊属性和发展要求的税收征管逻辑架构

在设计特别法人实体税制时，必须综合平衡集体经济组织追求经济效益与保障基层社会治理与政治职能之间的关系，既要考虑其作为公开市场竞争参与主体所应当遵循的公平原则，更要关注到其作为基层社会治理基础和社员基本保障的社会政治属性，综合运用财政资金转移支付和税收优惠两种经济调节手段，来鼓励和促进农村集体经济的发展，为实现乡村振兴提供制度保障。

4. 完善符合集体经济组织经营范围和产业领域的税收法律体系

随着农村集体经济组织经营范围和进入产业领域的不断拓展，原有的税收法律体系不足以覆盖其全部经济行为和经济性质。尤其是随着数字经济的不断发展，部分发达地区的农村集体经济涉及数字经济领域越来越广泛和深入。由于在数字经济背景下，复杂的“二元”甚至“多元”商务结构所导致的纳税地点、纳税主体、纳税环节变得日益复杂且具有不确定性，为税收政策的制定和税收征管增加了难度。在完善集体经济组织现行税收政策时，必须要有一定的前瞻性。

5. 要加大税制简化力度，以降低农村集体经济组织的纳税遵从成本

尽管国家不断简政放权，税务总局也在不断加大“放管服”

的力度，但从目前我国税制结构来看仍过于复杂。以增值税为例，尽管名义税率和征收率都不算太多，但不同业态和不同时期适用不同税率、多达60种情形的征收率、20种差额纳税、18种不得抵扣进项税额等。对农村集体经济组织的税收管理人员而言，过于复杂的政策规定，大大增加了其实际执行难度，也提高了纳税遵从成本。因此，必须从根本上“宽税基、降税率、简税制”。

6. 归并和简化税收优惠政策

要综合平衡财政转移支付和税收优惠在促进农村集体经济发展中的作用，在“简税制”的前提下，尽可能减少税收优惠政策，尤其是地方性税收优惠政策所带来的利润转移，进而减少对地方经济和财政效率的扭曲。

7. 尽快明确农村集体经济组织新型经济业务和具有广泛争议的经济活动的税收政策

加大对农村集体经济产权制度改革、清产核资、农村集体经营性建设用地入市交易等新型业务的税收问题研究，尽快明确农村集体经济组织及其所属企业之间的资金占用、资产调拨和利益分配等具有广泛争议的税收政策，为促进农村集体经济健康持续发展提供政策支持。

第4章　农村集体经济组织税制建设的原则与逻辑架构

党的十九届四中全会所勾勒的中国特色社会主义制度“图谱”中，税收作为再分配调节机制中的主要手段，位居基本经济制度系列；税制建设已经被置于国家治理层面，纳入国家体系和治理能力现代化建设版图①，税制建设所应对标的主题是税收在国家治理中的基础和重要支柱作用。税制建设包括税制结构的设计和征管方式的安排。税制结构是指在税收制度设计中各税种的组成，以及各税种在其中所占的地位；税收征管方式是指在一定历史条件下，税收征管部门采取的相对固定的工作格局，是税收征管机构、征管人员、征管流程、征管形式、征管方法和征管技术手段等要素的规范性组合。税制建设的不断优化，就是为了能够在公平与效率之间取得一种最佳的平衡，即力争实现最优税制结构和最高效的税收征管。

---

① 高培勇．新发展阶段的税制建设该往什么方向走［J］．税务研究，2021（5）。

4.1 农村集体经济组织税制建设应遵循的原则

1. 有助于社会整体价值增长原则

经济增长是社会整体价值增长的主要表现形式之一，其增长表现为一定时期的国民生产总值或国民总收入的增长，但经济增长不是社会整体价值增长的全部。从税收的本质上来看，不管是将其“作为国家实现其职能凭借政治权利所形成的强制、无偿的分配关系”，还是“作为个人在向社会领取收入时所做出的一种社会扣除”，抑或是“以国家名义进行强制征收，是社会成员为获得社会公共需要满足而支付的价格或费用”，都是国家凭借政治权利对纳税主体财产的强制征收。但应当强调的是，税制结构的设计应当遵循的不仅仅是一种分配关系或社会扣除，也不仅仅是对社会公共产品的补偿，而是要有助于对社会整体价值量的正增长。因此，我们在考虑是否征税，或向谁征税时，必须考虑税收分配所导致的利益调整，能否与财政政策协调并取得正和博弈，是否真正有助于社会整体价值的持续增长，是否把增进全社会与每个国民福祉总量作为税制改革的终极目标，而不是简单地从一个主体向另一个主体转移，或是简单的价值补偿甚至利益掠夺。

2. 有助于公平与正义原则

效率、公平与正义是诸多法律调整所共同追求的价值，也是税法规范、制度和体系得以创立的基础，更是税收法治的价值导向，也是效率的前提。税收公平包括税收负担公平、税收经济公平与税收社会公平。

所谓税收担负公平是指税收负担是否公平地分配于每个纳税人，即税收负担是否与每个纳税人的经济条件或负担能力协调一致，以及纳税人之间的实际负担是否保持相对均衡。税收负担公平不仅包括税负公平，还包括纳税遵从成本公平。

所谓税收经济公平是指如何通过课税机制建立起经济利益主体之间平等竞争的条件和环境。在社会主义市场经济条件下，其实质是经济公平中起点公平和过程公平在税收领域中的要求和体现，即最大限度地降低税收对资源配置的扭曲作用。

所谓税收社会公平是指通过课税机制对社会再分配发挥作用，使社会成员之间的财富占有和收入分配结果处于相对均衡状态，以实现社会公平目标①。税收社会公平，更多地体现在税收的纵向公平，即通过税制结构设计，防止纳税主体之间收入分配差距过大，甚至两极分化。

税收公平必须从税收负担公平、税收经济公平、税收社会公平三个层面来看待，一国政府要想促进社会的长期稳定并实现税收的长远安全，其不仅要使纳税人的税收负担公平，还应当为纳税主体提供公平的市场竞争机会和公正的市场环境，并

① 周全林．税收公平研究［M］．江西人民出版社，2007：73。

不断促进纳税主体间的收入分配趋于均衡。

税收正义是指国家以立法形式设置和征收某种税的合理性和正当性，其体现了社会追求的价值观。税收正义包括税收程序正义和分配结果正义。税收程序不仅包括做出征收税款决定的行政程序，还包括制定税收规则的立法程序和解决税收争讼的司法程序。税收正义问题，直接关系着公民的切实经济利益，更关系着公民权和人权的实现以及一国自由法治的制度构建。税收正义首先应当是基于合法性的，并且站在价值评判的角度来强调个体的独立性和主体性，其间必然渗透着强烈的人文关怀。而追问税法的终极价值[①]，恰恰是税收分配结果正义，是税收追求的终极价值。税收的终极价值就在于为所有公民提供物质条件，使民众能够实现与一国发展水平相适应的免于贫乏和恐惧以及追求幸福和尊严的自由；追求人道自由和公正平等精神是税制改革根本目标的渐进过程。

应当注意的是，新中国成立后，城市的高速发展是基于相当长一段时间的“工农剪刀差”、国家土储对土地收益的转移，以及农村与城市的“二元结构”对农村劳动力的巨大消耗所带来的。农村集体经济从发展基础、市场地位、所承担的基层政治与社会稳定职能，与营利性法人不在同一起跑线上。从社会公平与正义的角度，在城市与农村发展差距尤其是高端人才差

① 戴琼．供应链纳税管理［M］．中国财政经济出版社，2012：217。

距越来越大的现实背景下，在税制建设中，理应对农村集体经济组织做出合理的反哺性安排。

此外，基于农村集体经济组织的特殊地位，对农村集体经济的税收制度安排，还必须要厘清该地区是以经济利益优先，还是以社会稳定和基层治理优先。我国农村地域广阔，农村经济发展极不平衡，如何在不同经济发展水平、不同优先目标下取得综合平衡，是税收公平与正义原则运用的重点和难点。

3. 有助于提高效率原则

效率问题是经济发展的核心问题，也是税制建设的基本问题。税收的效率问题首先是其经济效率问题，即税收对资源配置效率的影响程度；其次是行政效率问题，即税收征收方式的效率。

首先，在市场经济条件下，市场对资源的配置起着决定性作用，经济效率也就是资源配置效率。现代经济学对资源配置的效率一般采用帕累托最优来衡量，即任何资源的配置已不可能使一部分人的境况变好而又不使另一部分人的境况变坏，这种资源的配置已经使社会效应达到最大。税收作为嵌入市场经济的楔子，必然会对资源配置起着重要的影响作用。如果市场作为最基本的资源配置手段已经使资源配置处于帕累托最优，那么作为政府资源配置重要手段的税收对资源的重新配置，就很可能造成经济效率的损失；如果市场作为最基本的资源配置手段不能使资源配置处于帕累托最优，通过税收手段等政府干预对资源的重新配置则很可能提高经济效益。

其次，税收的行政效率是指政府征税必须以尽可能少的税收成本获取尽可能多的税收收入。这一方面要求税务机关精简机构、便利监管以降低税收管理成本；另一方面要求简化税制、便利纳税以降低纳税人的遵从成本。

因此，在进行税制设计时，要充分考虑税收对资源配置效率的扭曲效应所造成的经济福利损失，以及税制设计的复杂性、税收政策的不确定性和易变性所带来的税收征管成本和纳税遵从成本增加。

当然，基于目前为促进农村集体经济发展所采取的各种补贴手段，提到效率原则的时候，我们在考虑税制建设应遵循的效率原则的同时，还必须与财政转移支付的效率原则放在一起进行综合平衡。毕竟对于农村集体经济组织而言，财政转移支付效率与税收征管效率只是发力的两端，两端必须形成合力而不应当是自说自话。

4. 防范税基侵蚀和利润转移

尽管税基侵蚀与利润转移是随着经济全球化、投资和贸易自由化而被国际社会广泛关注的，并作为国际税收管理的重要内容而备受青睐，且一般看来，税基侵蚀和利润转移是基于税收管辖权而存在的。但由于我国地方税收征管权限的客观存在、中央与地方关系的一体多元格局，客观上为我国一些地方权力在授予和运行的程度上，甚至超过了传统联邦制国家中地方组成单位的权力。首先，中央和地方关系类型的多样化（即除了省、市、县这种一般意义上的地方外，我国还存在民族自治地方、香港和澳门特别行政区以及尚待解决的台湾），要求在强调一体的基础上，必然存在对不同类型的地方予以差异化的理论剖析和制度观照；其次，中央和地方关系中的“行为联邦制”[①]，导致决定地方政府能否获得与中央政府近似平等的协商与谈判的地位及可能性的关键性因素是地方的经济实力，这就诠释了地方政府发展本地经济的内生动力。正是各地方政府这种发展本地经济的内在需求，导致作为调节经济的重要手段的税收，尤其属于地方财政收入主体的地方税收，必然成为各地政府熟练运用的重要杠杆。这是导致地方政府以不同方式、不同特点的“地方税收优惠政策”刺激当地经济发展的最根本原因[②]。

---

① 郑永年在《中国的“行为联邦制”：中央—地方关系的变革与动力》一书中正式提出了“行为联邦制，并试图以此来诠释中国中央与地方关系实践中超越单一制传统而呈现出的某些联邦制色彩。

② 蔡昌．互联网税收生态：共生·博弈·演化［M］．中国财政经济出版社，2017：141。

税基侵蚀和利润转移导致了地区间的税负转嫁，而我国农村地域广阔、地区经济发展极不平衡，地区间过度的优惠政策不仅加剧了税收征管难度和纳税遵从难度，还加剧地区间的财政不公平。防范地区间税基侵蚀和利润转移、防止地区间税负转嫁是税负公平原则的基本要求，也是地方财政行为准则的关键所在。地区间税负转嫁在一定程度上是以邻为壑的零和游戏，既不公平又有损效率，并且腐蚀了地方财政自主性原则的根基。

4.2 农村集体经济组织税制建设的逻辑架构

农村集体经济组织作为农村集体经济发展和农民利益的承载主体，不仅具有自身发展所必须遵循的公开市场竞争规则，承担着本社区或本区域内经济发展的职能，同时还承载着本社区成员基本保障的公益性。因此，在设计农村集体经济组织实体税收政策时，既要考虑其作为公开市场竞争参与主体所应当遵循的公平原则，又要考虑到其社区经济发展中环境培育和资源导流所需要的特殊鼓励与政策支持；更应当关注到其作为本社区集体经济组织成员基本保障的公益属性，尤其是对于目前财政资金转移支付尚不能全部补偿其所承担的所有社会职能背景下的税制考量。其税收管理制度建设的概念框架如图 4－1 所示。

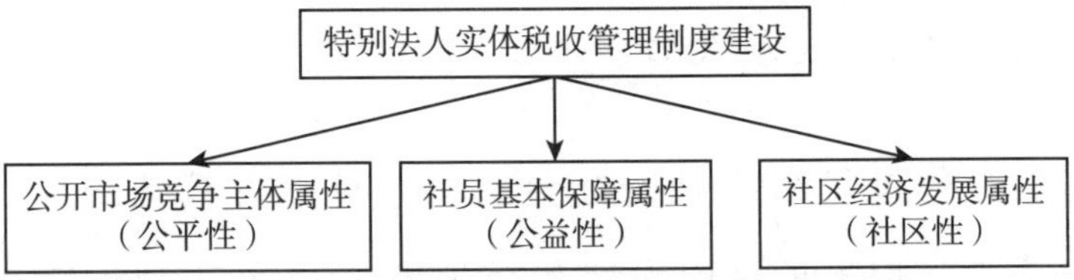

图 4-1　农村集体经济组织税收管理制度建设概念框架

1. 公开市场竞争主体属性

农村集体经济组织在我国特定历史时期有着其独特的政治与法律性质，《民法典》已经赋予了农村集体经济组织的特殊法人地位。它既不同于一般的营利法人，也不同于社团法人，更不是行政机关；其在设立的程序和条件、终止的程序和条件、生产经营的方式和目的、财产（主要是土地）的处分、运营管理程序等方面也不同于一般营利法人。农村集体经济组织依法成立、有自己的名称、组织机构和经营场所，也拥有独立的财产，能在一定的财产范围内（土地所有权除外）独立承担民事责任。其不仅具有民事权利能力和民事行为能力，能够自主生产经营，还是市场经济中重要的参与主体之一。集体经济组织作为市场经济的参与主体，在公开市场上作为独立的法人实体参与市场竞争，根据税收公平原则，只要其所从事经营活动的业务性质与一般营利经济组织一样，就必须遵从相应的税收政策和征管制度。

2. 社区经济发展属性

农村集体经济组织是以社会主义公有制为基础的，其核心资产是土地，但土地是由农民集体所有并由宪法和法律直接予以确认的。农村土地集体所有制是具有中国特色的社会主义在中国广大农村的经济基础和组织保证，也是适应习近平新时代中国特色社会主义的农村集体经济发展规律，能够适应农村生产力发展和维护最广大农民群众的根本利益的。首先，集体经济组织具有严格的社区性，即在既定社区的行政区划范围内，集体经济组织与其组成成员密不可分。集体经济组织成员的权利与义务不对外开放，是封闭的“圈子”，“进”则“与生俱来”，“退”则“自然弃失”。其次是资产的共有性，集体经济组织的全部资产由组织成员共同所有，资产收益和劳动成果归全体成员共同分享，权利与义务均等。再次是排他性，尽管集体经济组织的层次不尽相同，小到村组，大到乡镇，但每个集体经济组织的资产、成员边界是清晰的，上下左右均不能侵权。最后是资源流转的社区性。农村集体经济组织资产的流转、资源的配置、财产的分配等都受到集体经济组织成员资格的严格限制，不具备本集体经济组织成员资格的独立第三方，不经过既定的法定程序是无法介入的。

3. 社员基本保障属性

首先，农村集体经济组织作为农民利益保障的载体，农村集体经济组织的资产和资源是本组织成员赖以生存的基础，无论集体经济组织盈利与否，本组织成员的基本生活保障必须满足，否则就可能形成不稳定因素甚至发生群体事件，进而影响本地区的社会稳定。因此，农村集体经济组织的基本生活保障职能是首要职能。其次，按照《村民委员会组织法》规定，村民委员会及其下设的村民小组是农村基层社会的自治组织，但目前在农村基层组织中，大部分农村集体经济组织与村民小组或村民委员会并未严格区分，仍是同一机构或“一套人马、两块牌子”，往往决策流程相同，职能相互重叠，尤其是对农村基层社会的管理与服务，两者无法截然分开，具有明显的“政社合一性”，农村集体经济组织承担了相应社会治理和基础政治职能。最后，农村集体经济组织作为本地区社会管理的承载主体和实施主体，农村地区的环境卫生、社会治安、义务教育、文化体育等公共服务和公益事业必须满足当地群众的基本需要，当财政转移支付不能完全覆盖社会公共服务和公益事业支出时，农村集体经济组织必须根据实际条件，分清轻重缓急，以自有资金和其他捐助资金予以解决。

因此，在农村集体经济组织税制设计时，既要充分考虑其作为独立市场主体的公平性，又要充分尊重其社区经济所具有的资产流转与配置的限制性和集体资产的共同共有属性，尤其是在村级集体经济组织及其所属全资企业间、乡（镇）级集体经济组织与其所属全资企业间，以及乡（镇）与村级集体经济组织间资源、资产、资金转移中的税收管理问题，必须充分考虑其集体经济组织成员对集体资产的共有属性这一本质特征。此外，在农村集体经济组织的税制设计时，应当充分考虑在目前财政转移支付力度不足的现实条件下，农村集体经济组织所承担的公共公益服务和社会管理职能，既要采取加大财政转移支付力度的方式，以解决公共公益服务和社会管理职能的需要，更应当对农村集体经济组织在某些特定领域或特殊经营事项中给予更多优惠政策和人文关怀，通过税收杠杆鼓励和支持农村集体经济发展，建立健全农民收益持续增收的长效机制。

第5章　农村集体经济产权制度改革中的税收问题及建议

我国从计划经济体制向市场经济体制转型，本质上表现为产权不断明晰和权利不断开放的过程。农村集体产权制度改革，是探索农村集体所有制有效实现形式，创新农村集体经济运行机制，保护农民集体资产权益，调动农民发展现代农业和建设社会主义新农村积极性的重要手段。2016 年 12 月 26 日，中共中央、国务院发布《中共中央 国务院关于稳步推进农村集体产权制度改革的意见》，作为我国农村集体产权制度改革的顶层设计，其对农村集体产权制度改革的目标方向、重点任务、推进原则、实施要求、保护农民财产权利和民主权利、改革的重要目标、保障措施等问题进行了全面部署。

5.1 我国农村集体产权制度改革的特点

据中国农村网公布的统计数据[①]，截至2017年年底，按照农村集体产权制度改革要求，全国完成产权制度改革的组、村、镇合计达到13.1万个，比2016年增长3.9%。全国以村为单位开展产权制度改革的最多，完成村数达到8.1万个，占全国总村数的13.9%；以乡镇为单位完成产权制度改革的乡镇为857个，占全国乡镇数的2.4%。

1. 各地产权制度改革的进度不一

东部地区集体经济相对发达，城镇化推进速度快，产权制度改革推进速度快，而中西部地区相对较慢。根据中国农村网公布的统计数据，东、中、西部地区完成产权制度改革的组、村、镇合计数分别为7.7万个、0.8万个和4.7万个。其中，东、中、西部地区完成产权制度改革的组分别为1万个、0.3万个和3.5万个，占全国完成组数的20.7%、7.0%和72.3%；东、中、西部地区完成产权制度改革的村分别为6.6万个、0.4万个和1.1万个，占全国完成村数的80.9%、5.4%、13.7%。

① http：//journal. crnews. net/ncjygl/2018n/d10q/bqch/107642_20181106111746. html，下同。

2. 改革量化资产规模差异较大

东部地区集体经济体量大且经营性资产占比相对高，经济发展后劲相对较强；中西部地区集体经济体量小且经营性资产占比相对低，经济发展后劲相对要弱。截至 2017 年年底，全国组、村、镇三级已完成产权制度改革的单位，改革时点量化资产总额合计为 6,655.3 亿元，占全国农村集体资产总额的 19.4%。其中，东、中、西部地区量化资产总额分别为 5,716.3 亿元、574.2 亿元和 364.7 亿元，占全国量化资产总额的比重分别为 85.9%、8.6%和 5.5%；东、中、西部地区量化经营性资产占比分别为 63.7%、61.4%和 45.1%。完成产权制度改革的单位，2017 年年末资产总额达到 1.57 万亿元，其中经营性资产 6,687.8 亿元，占 42.5%。

3. 注册登记管理部门不统一

改制完成的单位，有依据《民法通则》相关规定在农村集体经济管理部门登记的特殊法人实体，也有依据《公司法》在市场监督管理部门登记的营利实体。截至 2017 年年底，全国完成产权制度改革的组、村、镇合计达到 13.1 万个。其中，有 7.7 万个单位在农村集体经济管理部门登记，有 2.8 万个单位在市场监督管理部门登记注册。

4. 产权制度改革对象的复杂

在集体经济组织产权制度改革中，被量化的集体资产，不仅包括组、村、乡镇集体经济组织所拥有或控制的资产，还包括属于农村集体性质的村级企业和乡（镇）企业所拥有或控制的资产。即农村集体经济产权制度改革的主体既包括农村集体经济组织，也包括集体经济所属企业。以 2017 年 12 月 31 日为基准日的清产核资统计结果表明，全国农村集体经济组织所属一级全资企业 11,500 余家，绝大部分分布在东部地区，中、西部地区集体企业相对较少。

5. 涉及的重组方式复杂多样

在农村集体经济产权制度改革的过程中，可能不仅涉及农村集体经济组织及其所属企业的名称和注册地址、投资人等其他法律形式的变更，还可能涉及农村集体经济组织及其所属企业间的债务重组及所属企业间的合并、分立、股权置换和股权收购。而且，越是农村集体经济发达的地区，在产权制度改革中，涉及的资产体量越大，涉及的农村集体经济组织或所属企业越多，可能涉及的重组并购方式越复杂多样。

5.2　农村集体经济产权制度改革中的税收问题

在农村集体产权制度改革的过程中，涉及的主体不仅包括农村集体经济组织，还包括农村集体所有制企业和其他属于农村集体所有的机构。在农村集体产权制度改革过程中，不仅涉及农村集体所有制企业名称和组织形式的变更，还涉及农村集体所有制企业之间的资产转移和重组并购等方方面面。在程序上，农村集体资产的清产核资和资产评估是加强资产管理、推进农村集体产权制度改革的基础和前提，进而引发农村集体经济产权制度改革过程中农村集体经济组织和集体所有制企业资产评估增值①的税收处理问题。

1. 流转税的处理问题

尽管国家税务总局在《财政部 国家税务总局关于支持农村集体产权制度改革有关税收政策的通知》（财税〔2017〕55 号）中并未就农村集体产权制度改革过程中所涉及集体资产转移的流转税问题进行规范，但早在营业税改征增值税以前，国家税务总局就已经分别以国税函〔2002〕165 号、财税〔2002〕191 号、国家税务总局公告 2011 年第 51 号，以及国税函〔2002〕420 号

① 资产评估增值是指按同一口径计算的评估减值冲抵评估增值后的余额。

和国家税务总局公告2011年第13号等文件明确了转让企业全部产权的行为不属于营业税征收范围，不征收营业税，其涉及的应税货物的转让，也不属于增值税的征税范围，不征收增值税；纳税人在资产重组过程中，通过合并、分立、出售、置换等方式，将全部或者部分实物资产以及与其相关联的债权、债务和劳动力一并转让给其他单位和个人的行为，不属于营业税征收范围，其中涉及的不动产、土地使用权转让，不征收营业税，其中涉及的货物转让，不属于增值税的征收范围，不征收增值税。国家税务总局公告2013年第66号进一步强调，纳税人在资产重组过程中，通过合并、分立、出售、置换等方式，将全部或者部分实物资产以及与其相关联的债权、负债经多次转让后，最终的受让方与劳动力接收方为同一单位和个人的，仍适用国家税务总局公告2011年第13号的相关规定，其中货物的多次转让行为均不征收增值税，只是需要由资产的出让方将资产重组方案等文件资料报其主管税务机关，而且为减轻纳税人税收负担，国家税务总局公告2012年第55号规定，增值税一般纳税人在资产重组过程中，将全部资产、负债和劳动力一并转让给其他增值税一般纳税人，并按程序办理注销税务登记的，其在办理注销登记前尚未抵扣的进项税额可结转至新纳税人处继续抵扣。

营业税全面改征增值税后，财税〔2016〕36号文件延续了国家税务总局公告 2011 年第 51 号文件精神，对资产重组过程中，通过合并、分立、出售、置换等方式，将全部或者部分实物资产以及与其相关联的债权、负债和劳动力一并转让给其他单位和个人，其中涉及的不动产、土地使用权转让行为，仍然不征收增值税。

农村集体经济组织作为特殊法人实体，与营利性法人的企业有着较大的区别，且在农村集体经济产权制度改革中，农村集体经济组织与参与本区域产权制度改革的集体企业之间可能并无直接的产权关系和直接的转让行为，并非税收政策规定的直接资产重组，而是为实现本地区集体经济产权量化而必须参与其中。因此，在国家税收法规尚未明确农村集体经济组织及其所属企业是否适用相关法律法规的情况下，其是否可以按照国家税务总局公告 2011 年第 13 号、财税〔2016〕36 号文件精神执行，将直接决定农村集体经济产权制度改革的税负问题，也将直接影响到产权制度改革的进程。

2. 企业所得的处理问题

农村集体经济组织产权制度改革过程中，国家税务总局在财税〔2017〕55 号文件中并未就农村集体产权制度改革过程中所涉及集体经济组织的企业所得税问题进行规范；而财税〔2009〕59 号文件明确企业重组的税务处理应区分不同条件，分别适用一般性税务处理规定和特殊性税务处理规定。企业不同重组方式下适用一般性税务处理的具体处理方法如表 5－1 所示。

表 5－1　企业不同重组方式下适用一般性税务处理的具体处理方法

重组方式	具体处理方法
企业由法人转变为个人独资企业、合伙企业等非法人组织，或将登记注册地转移至中华人民共和国境外	应视同企业进行清算、分配，股东重新投资成立新企业。企业的全部资产以及股东投资的计税基础均应以公允价值为基础确定
企业发生其他法律形式简单改变的	可直接变更税务登记，除另有规定外，有关企业所得税纳税事项（包括亏损结转、税收优惠等权益和义务）由变更后企业承继，但因住所发生变化而不符合税收优惠条件的除外
企业债务重组	1. 以非货币资产清偿债务，应当分解为转让相关非货币性资产、按非货币性资产公允价值清偿债务两项业务，确认相关资产的所得或损失 2. 发生债权转股权的，应当分解为债务清偿和股权投资两项业务，确认有关债务清偿所得或损失 3. 债务人应当按照支付的债务清偿额低于债务计税基础的差额，确认债务重组所得；债权人应当按照收到的债务清偿额低于债权计税基础的差额，确认债务重组损失 4. 债务人的相关所得税纳税事项原则上保持不变
企业股权收购	1. 被收购方应确认股权转让所得或损失 2. 收购方取得股权的计税基础应以公允价值为基础确定 3. 被收购企业的相关所得税事项原则上保持不变
企业资产收购	1. 被收购方应确认资产转让所得或损失 2. 收购方取得资产的计税基础应以公允价值为基础确定 3. 被收购企业的相关所得税事项原则上保持不变

续表

重组方式	具体处理方法
企业合并	1. 合并企业应按公允价值确定接受被合并企业各项资产和负债的计税基础 2. 被合并企业及其股东都应按清算进行所得税处理 3. 被合并企业的亏损不得在合并企业结转弥补
企业分立	1. 被分立企业对分立出去的资产应按公允价值确认资产转让所得或损失 2. 分立企业应按公允价值确认接受资产的计税基础 3. 被分立企业继续存在时，其股东取得的对价应视同被分立企业分配进行处理 4. 被分立企业不再继续存在时，被分立企业及其股东都应按清算进行所得税处理 5. 企业分立相关企业的亏损不得相互结转弥补

财税〔2009〕59 号文件明确集体所有制企业重组同时符合：（1）具有合理的商业目的，且不以减少、免除或者推迟缴纳税款为主要目的；（2）被收购、合并或分立部分的资产或股权比例符合本通知规定的比例；（3）企业重组后的连续 12 个月内不改变重组资产原来的实质性经营活动；（4）重组交易对价中涉及股权支付金额符合本通知规定比例；（5）企业重组中取得股权支付的原主要股东，在重组后连续 12 个月内，不得转让所取得的股权等一系列条件的，适用特殊性税务处理规定。根据财税〔2009〕59 号文件和财税〔2014〕109 号文件规定，集体所有制企业不同重组方式下适用特殊性税务处理的具体处理方法，具体见表 5－2。

表 5－2　企业不同重组方式下适用特殊性税务处理的具体处理方法

重组方式	比例要求	具体处理方法
债务重组	企业债务重组确认的应纳税所得额占该企业当年应纳税所得额的 50% 以上	1. 可以在 5 个纳税年度的期间内，均匀计入各年度的应纳税所得额 2. 企业发生债权转股权业务，对债务清偿和股权投资两项业务暂不确认有关债务清偿所得或损失，股权投资的计税基础以原债权的计税基础确定。企业的其他相关所得税事项保持不变
股权收购	1. 股权收购，收购企业购买的股权不低于被收购企业全部股权的 50% 2. 收购企业在该股权收购发生时的股权支付金额不低于其交易支付总额的 85%	1. 被收购企业的股东取得收购企业股权的计税基础，以被收购股权的原有计税基础确定 2. 收购企业取得被收购企业股权的计税基础，以被收购股权的原有计税基础确定 3. 收购企业、被收购企业的原有各项资产和负债的计税基础和其他相关所得税事项保持不变
资产收购	1. 受让企业收购的资产不低于转让企业全部资产的 50% 2. 受让企业在该资产收购发生时的股权支付金额不低于其交易支付总额的 85%	1. 转让企业取得受让企业股权的计税基础，以被转让资产的原有计税基础确定 2. 受让企业取得转让企业资产的计税基础，以被转让资产的原有计税基础确定
企业合并	1. 企业股东在该企业合并发生时取得的股权支付金额不低于其交易支付总额的 85% 2. 同一控制下且不需要支付对价的企业合并	1. 合并企业接受被合并企业资产和负债的计税基础，以被合并企业的原有计税基础确定 2. 被合并企业合并前的相关所得税事项由合并企业承继 3. 可由合并企业弥补的被合并企业亏损的限额 = 被合并企业净资产公允价值 × 截至合并业务发生当年年末国家发行的最长期限的国债利率 4. 被合并企业股东取得合并企业股权的计税基础，以其原持有的被合并企业股权的计税基础确定

续表

重组方式	比例要求	具体处理方法
企业分立	1. 被分立企业所有股东按原持股比例取得分立企业的股权 2. 分立企业和被分立企业均不改变原来的实质经营活动 3. 被分立企业股东在该企业分立发生时取得的股权支付金额不低于其交易支付总额的85%	1. 分立企业接受被分立企业资产和负债的计税基础，以被分立企业的原有计税基础确定 2. 被分立企业已分立出去资产相应的所得税事项由分立企业承继 3. 被分立企业未超过法定弥补期限的亏损额可按分立资产占全部资产的比例进行分配，由分立企业继续弥补 4. 被分立企业的股东取得分立企业的股权（以下简称“新股”），如需部分或全部放弃原持有的被分立企业的股权（以下简称“旧股”），“新股”的计税基础应以放弃“旧股”的计税基础确定。如不需放弃“旧股”，则其取得“新股”的计税基础可从以下两种方法中选择确定：直接将“新股”的计税基础确定为零，或者以被分立企业分立出去的净资产占被分立企业全部净资产的比例先调减原持有的“旧股”的计税基础，再将调减的计税基础平均分配到“新股”上

同时，财税〔2009〕59 号文件进一步明确，重组并购特殊性税务处理中，非股权支付额应确认的所得或损失计算公式为：

非股权支付对应的资产转让所得或损失 =（被转让资产的公允价值 - 被转让资产的计税基础）×（非股权支付金额 ÷ 被转让资产的公允价值）

从上述分析可以看出，对于企业重组并购过程中的企业所得税而言，无论采取一般性税务处理还是采用特殊性税务处理，其最终税负是否发生变化，取决于重组并购过程中资产和负债的计税基础是否发生变化；采用特殊性税务处理只是递延缴纳税款而已，并非实质性的税收减免。

农村集体经济在产权制度改革过程中，是否存在增加或减少农村集体经济组织及其所属企业的企业所得税税负问题，关键在于如何处理其产权制度改革过程中资产评估价值的问题。即在产权制度改革过程中，税法是否允许农村集体经济组织及其所属企业按照清产核资后的资产评估结果，来改变资产和负债的计税基础。

3. 土地增值税的处理问题

一般情况下，农村集体经济组织由于其土地所有权为集体所有，现行《土地增值税暂行条例》及其实施细则并未将集体土地所有权的转移或划转纳入征税范围，且《财政部 国家税务总局关于支持农村集体产权制度改革有关税收政策的通知》（财税〔2017〕55 号）也不涉及土地增值税的问题。但《土地增值税法（征求意见稿）》已经将集体土地使用权的转移或划转纳入了征税范围。

对于农村集体所有制企业而言，应当与其他企业一样遵循税收法规的相关规定。早在 1995 年，财税〔1995〕048 号文件曾明确暂免征收土地增值税，但财税〔2006〕21 号文件强调，对于以土地（房地产）作价入股进行投资或联营的，凡所投资、联营的企业从事房地产开发的，或者房地产开发企业以其建造的商品房进行投资和联营的，均不适用暂免征收土地增值税的规定。2018 年 5 月 16 日，财政部、税务总局下发《关于继续实施企业改制重组有关土地增值税政策的通知》（财税〔2018〕57 号）明确，自 2018 年 1 月 1 日至 2020 年 12 月 31 日，对于符合条件的企业整体改制和合并分立行为，暂不征收增值税。

对于拥有国有土地使用权并进行项目开发的农村集体经济组织及其所属企业而言，第一，农村集体经济产权制度改革涉及包括农村集体经济组织及其所属企业在内的两类以上不同主体，农村集体经济产权制度改革过程中，更多的是理顺产权关系并量化股份，而非简单地把原有非公司制企业整体改制为有限责任公司或者股份有限公司等；第二，财税〔2018〕57 号文件明确，其能够享受暂免征收土地增值税的整体改制前提是“不改变原企业投资主体”，而农村集体经济产权制度改革恰恰是以“改变原企业投资主体”为前提的，是否可以“穿透”到最终受益人而视为同一投资主体，文件并未明确；第三，农村集体经济产权制度改革中，不仅会涉及农村集体经济组织本身，还会涉及其行政区域内参与产权制度改革的房地产开发企业，而财税〔2018〕57 号文件是将房地产开发企业排除在暂免征收土地增值税优惠之外的，并且明确规定，只要“任意一方为房地产开发企业”的房地产转移，就不能适用暂免征收土地增值税；第四，在农村集体经济产权制度改革过程中，也可能会涉及所属集体企业的分立和合并，尽管财税〔2018〕57 号文件对符合条件的分立、合并也暂免征收土地增值税，但其前提是“投资主体存续”“与原企业投资主体相同”，而在农村集体经济产权制度改革过程中，之所以进行合并或分立，恰恰是该投资主体不宜存续或不能与原企业投资主体相同；第五，财税〔2018〕57 号文件对同一投资主体内部资产划转是否征收土地增值税并未明确规定，而这也往往是农村集体经济产权制度改革过程中，农村集体经济组织与其所属企业以及所属企业之间最为重要的一种资产处理方式；第六，财税〔2018〕57 号文件未对政府部门或集体资产监管部门对集体资产进行行政区划范围内的调整是否征收土地增值税做出明确规定。

综上所述，就目前情况来看，财税〔2018〕57 号文件并不能很好地适应农村集体经济产权制度改革的特点，也无法适应农村集体经济组织产权制度改革过程中的土地增值税管理。

4. 契税和印花税的处理问题

2017 年 6 月 22 日，财政部、国家税务总局联合下发《财政部 国家税务总局关于支持农村集体产权制度改革有关税收政策的通知》（财税〔2017〕55 号）规定，自 2017 年 7 月 1 日起，对进行股份合作制改革后的农村集体经济组织承受原集体经济组织的土地、房屋权属；对农村集体经济组织以及代行集体经济组织职能的村民委员会、村民小组进行清产核资收回集体资产而承受土地、房屋权属；以及对农村集体土地所有权、宅基地和集体建设用地使用权及地上房屋确权登记等，均不征收契税。

财税〔2017〕55 号文件同时明确，对因农村集体经济组织以及代行集体经济组织职能的村民委员会、村民小组进行清产核资收回集体资产而签订的产权转移书据，免征印花税。

尽管《中共中央 国务院关于稳步推进农村集体产权制度改革的意见》中明确要求免征因权利人名称变更登记、资产产权变更登记涉及的契税，免征签订产权转移书据涉及的印花税，但财税〔2017〕55 号文件并未对在产权制度改革过程中，同一行政区划内集体经济组织之间或所属企业之间因资产划转而导致的产权变动所带来的契税和印花税的征免做出明确规定。

5. 改制过程中资产评估增值的税收问题

在农村集体经济产权制度改革过程中，资产评估是其必经程序，其评估结果也往往是农村集体经济组织股份量化的价值依据。因此，资产评估增值的税收处理问题，直接关系到农村集体经济产权制度改革的税收成本。

（1）对资产评估增值的流转税处理。

纵观与资产评估增值有关的流转税规定，无论是《营业税暂行条例》及其实施细则，还是《增值税暂行条例》及其实施细则，还是标志全面实施营业税改征增值税的财税〔2016〕36号文件，对单位和个人资产评估增值都没有纳入征税范围。换而言之，即单位和个人的资产评估增值既不属于营业税的征税范围，也不属于增值税的征税范围。

（2）现行政策对资产评估增值的所得税处理。

① 对一般企业的中性规定。早在1997年6月23日，财政部、国家税务总局下发《关于企业资产评估增值有关所得税处理问题的通知》（财税〔1997〕77号）明确，纳税人按照国务院的统一法规，进行清产核资时发生的固定资产评估净增值，不计入应纳税所得额；纳税人以非现金的实物资产和无形资产对外投资，发生的资产评估净增值，不计入应纳税所得额。但在中途或到期转让、收回该项资产时，应将转让或收回该项投资所取得的收入与该实物资产和无形资产投出时原账面价值的差额计入应纳税所得额，依法缴纳企业所得税；企业进行股份制改造发生的资产评估增值，应相应调整账户，所发生的固定资产评估增值可以计提折旧，但在计算应纳税所得额时不得扣除。

1998年4月20日，财政部、国家税务总局下发《关于企业资产评估增值有关所得税处理问题的补充通知》（财税〔1998〕50号）再次强调，企业进行股份制改造发生的资产评估增值，按评估价调整有关资产账面价值并据此计提折旧或摊销的，对已调整相关资产账户的评估增值部分，在计算应纳税所得额时不得扣除。

随着《企业所得税法》及其实施条例的出台，财税字〔1997〕77 号、财税字〔1998〕50 号被全文废止。

② 对特定企业的税收政策规定。为贯彻国有经济有进有退、有所为有所不为的方针，积极推进国有经济布局和结构调整，落实《关于规范国有企业改制工作的意见》精神，财政部和国家税务总局针对特定央企，先后下发文件，就资产评估增值有关所得税问题明确如下：

第一，2003 年 10 月 23 日，财政部、国家税务总局联合下发《关于中国华润总公司资产评估增值有关企业所得税和印花税政策的通知》（财税〔2003〕214 号），对中国华润总公司资产评估增值 3.13 亿元应缴的企业所得税款不征收入库，直接转计中国华润总公司的资本公积金，作为国有资本金。中国华润总公司将评估增值部分再注入华润股份有限公司（以下简称“股份公司”），作为股份公司的国有股权；中国华润总公司投入到股份公司的资产，股份公司可按评估后的价值计提折旧或摊销，并在企业所得税前扣除。

第二，2009 年 3 月 23 日，财政部、国家税务总局联合下发《关于中国邮政集团公司重组改制过程中资产评估增值有关企业所得税政策问题的通知》（财税〔2009〕24号）明确，对中国邮政集团公司在重组改制过程中发生的资产评估净增值662,701.23万元应缴纳的企业所得税不征收入库，直接转计中国邮政集团公司的资本公积，作为国有资本；对上述经过评估的资产，中国邮政储蓄银行有限责任公司及其所属分支机构可按评估后的资产价值计提折旧或摊销，并在企业所得税税前扣除。

第三，2009年4月30日，财政部、国家税务总局下发《关于中国冶金科工集团公司重组改制上市资产评估增值有关企业所得税政策问题的通知》（财税〔2009〕47号）明确，对中国冶金科工集团公司在重组改制上市过程中发生的资产评估增值2,129,385万元应缴纳的企业所得税不征收入库，直接转计中国冶金科工集团公司的国有资本金；对上述经过评估的资产，中国冶金科工股份有限公司及其所属子公司可按评估后的资产价值折旧或摊销，并在企业所得税税前扣除。

③扩大范围至符合条件的国有企业。2015年6月23日，财政部、国家税务总局联合下发《关于企业改制上市资产评估增值企业所得税处理政策的通知》（财税〔2015〕65号）规定，自2015年1月1日至2018年12月31日，对符合条件的国有企业，其改制上市过程中发生资产评估增值可按以下规定处理：国有企业改制上市过程中发生的资产评估增值，应缴纳的企业所得税可以不征收入库，作为国家投资直接转增该企业国有资

本金（含资本公积，下同），但获得现金及其他非股权对价部分，应按规定缴纳企业所得税；国有企业 100% 控股（控制）的非公司制企业、单位，在改制为公司制企业环节发生的资产评估增值，应缴纳的企业所得税可以不征收入库，作为国家投资直接转增改制后公司制企业的国有资本金；经确认的评估增值资产，可按评估价值入账并按有关规定计提折旧或摊销，在计算应纳税所得额时允许扣除。

对于国有企业应符合的条件进一步明确规定：第一，通知所称国有企业，是指纳入中央或地方国有资产监督管理范围的国有独资企业或国有独资有限责任公司。第二，通知所称国有企业改制上市，应属于以下情形之一：一是国有企业以评估增值资产，出资设立拟上市的股份有限公司；二是国有企业将评估增值资产，注入已上市的股份有限公司；三是国有企业依法变更为拟上市的股份有限公司；四是取得履行出资人职责机构出具的资产评估结果核准或备案文件。

④ 恢复原则性（中性）规定。2017 年 9 月 22 日，国家税务总局颁布了《国家税务总局关于全民所有制企业公司制改制企业所得税处理问题的公告》（国家税务总局公告 2017 年第 34 号）规定，全民所有制企业改制为国有独资公司或者国有全资子公司，属于财税〔2009〕59 号文件第四条规定的“企业发生其他法律形式简单改变”的，可按规定进行如下企业所得税处

理：改制中资产评估增值不计入应纳税所得额，资产的计税基础按其原有计税基础确定，资产增值部分的折旧或者摊销不得在税前扣除。并进一步强调，该文件适用于2017年度及以后年度企业所得税汇算清缴，此前发生的全民所有制企业公司制改制，尚未进行企业所得税处理的，可依照该文件执行。

由于全民所有制企业改制为国有独资公司或者国有全资子公司，改制前后股东没有发生变化，也没有发生交易实质，符合财税〔2009〕59号文件规定的“法律形式的简单改变”，因而对改制时资产评估增值的部分不计入当期应纳税所得额，为确保其计税基础不变，同时明确改制后企业资产的计税基础按其原有计税基础确定；其资产增值部分对应的折旧或者摊销也不得在企业所得税前扣除。而国有企业改制上市过程中，改制前后股东会发生重大变化，其国有股东与新加入股东之间可能存在交易实质。因此财税〔2015〕65号文件明确规定，国有企业（国有独资企业或国有独资有限责任公司）改制上市过程中发生的资产评估增值；国有企业100%控股（控制）的非公司制企业、单位在改制为公司制企业环节发生的资产评估增值，应缴纳的企业所得税可以不征收入库，作为国家投资直接转增该企业国有资本金，但获得现金及其他非股权的对价部分，应按规定缴纳企业所得税；经确认的评估增值资产，可按评估价值入账并按有关规定计提折旧或摊销，在计算应纳税所得额时允许扣除。

从上述分析可以看出，对农村集体经济产权制度改革中，农村集体经济组织及其所属企业的评估增值的税收处理问题，尚缺乏明确规定。

5.3　对农村集体经济组织产权制度改革税收处理的建议

由于我国农村集体经济组织产权制度改革比较复杂，从改制层面来看，可分为村级改制和乡（镇）级改制；从改制时间来看，可分为撤销行政村后改制和不撤销行政村建制直接改制；从资产构成来看，可分为存量折股型改制和增量配股型改制；从改制主体来看，包括农村集体经济组织和农村集体经济性质的企业法人，而且这些企业法人不一定与农村集体经济组织存在产权关系。正如《中共中央 国务院关于稳步推进农村集体产权制度改革的意见》所要求的，农村集体经营性资产只能以股份或者份额形式量化到本集体成员，不具备成员资格的外部成员无权承继，且现阶段农民持有的集体资产股份有偿退出也不得突破本集体经济组织的范围。即无论何种划分，产权制度改革前与产权制度改革后的所有权人并未发生实质性变化，也不构成实质交易。同时，由于集体经济组织产权制度改革是在基层政府和农村集体经济监管部门的主导下进行的集体资产明晰产权、量化股份的行为，其本身并不产生任何实质性的所得。

因此，基于当前农村集体经济组织仍承担着农村基层社会治理和大量社区公共服务与公益性支出的客观现实，为鼓励集体经济的发展，建议：

1. 明确农村集体经济组织产权制度改革中的重组并购是否适用现行政策规定

中共中央、国务院于2016年12月26日发布的《中共中央 国务院关于稳步推进农村集体产权制度改革的意见》中明确，“农村集体经济组织承担大量农村社会公共服务支出，不同于一般经济组织，其成员按资产量化份额从集体获得的收益，也不同于一般投资所得，要研究制定支持农村集体产权制度改革的税收政策”。从目前来看，除了财政部和国家税务总局就农村集体经济产权制度改革中涉及的契税和印花税问题出台了财税〔2017〕55号文件外，农村集体经济组织产权制度改革过程中可能涉及的增值税、企业所得税、土地增值税等尚无明文规定。

2. 给予农村集体经济组织产权制度改革相应的税收减免

尽管财政部和国家税务总局出台了财税〔2017〕55号文件，明确了减免因农村集体产权制度改革而发生的契税、印花税，减轻了农村集体经济组织负担，降低了改革成本，有利于营造良好的政策环境，促进了农村集体产权制度改革顺利进行，但在农村集体经济产权制度改革过程中，集体经济组织之间、集体经济组织与所属集体企业之间以及同一行政区划内的农村集体所有制企业之间往往通过资产划转和资产剥离的方式完成资产和产权的转移，这种转移过程也仅仅是为了明晰集体产权、进一步实现地区经济发展整体战略需要，其本身并不是市场交易行为，也没有产生增值额。因此，建议对农村集体经济产权制度改革过程中集体经济组织之间、集体经济组织与所属集体企业之间、同一行政区划内的农村集体所有制企业之间资产转移所涉及的流转税、土地增值税、契税、印花税予以免税。

3. 明确集体经济组织产权制度改革中资产评估增值的税收处理

为鼓励和加快推进农村集体经济产权制度改革，建议对农村集体经济组织产权制度改革中，经集体经济组织成员（代表）大会确认的资产评估增值，作为集体经济组织产权制度改革后经济实体的资本金并可以量化为集体成员持有的股份，不计入应纳税所得额；经确认的评估增值资产，可按评估价值入账并按有关规定计提折旧或摊销，在计算应纳税所得额时允许税前扣除。

第6章 农村集体经济组织清产核资过程中核增核减资产的税收问题及建议

农村集体经济组织清产核资是摸清农村集体资产家底，理顺农村集体资产所有权关系，保护农村集体经济组织及其成员合法权益，加强农村集体资产财务管理，防止农村集体资产流失，夯实农村集体产权制度改革的基础性工作。2017 年 12 月 29 日，农业部、财政部等九部委联合下发《农业部 财政部 国土资源部 水利部 国家林业局 教育部 文化部 国家卫生计生委 体育总局关于全面开展农村集体资产清产核资工作的通知》（农经发〔2017〕11 号)，通知要求从 2017 年开始，力争用 3 年左右的时间，在全国范围专门针对农村集体资产进行清产核资工作。

6.1 清产核资对象与范围

根据农经发〔2017〕11 号文件的规定，农村集体资产清产核资的对象是乡（镇）村、组集体经济组织，包括未建立村、组集体经济组织或者村组集体经济组织不健全，代行其集体资产管理职能的村民委员会、村民小组或其他单位，撤村建居后代行原集体经济组织职能的社区居民委员会，以及农村集体经济组织所属企业。所属企业是指农村集体经济组织全资持有、直接或间接拥有半数以上表决权等能够控制的企业。

清产核资的范围包括农民集体所有的土地、森林、山岭、草原、荒地、滩涂等资源性资产；用于生产经营的房屋、建筑物、机器设备、工具器具、农业基础设施（包括小型水利工程）、集体投资兴办的企业及其所持有的其他经济组织的资产份额、无形资产等经营性资产，现金及债权债务；用于公共服务的教育、科技、文化、卫生、体育等方面的非经营性资产。

6.2　对清产核资过程中核增核减资产的会计处理规定

根据农经发〔2017〕11 号文件的规定，对存货、农业资产、固定资产的盘盈或盘亏，在建工程的报废或毁损等，履行相应程序后，按照会计制度进行账务处理。盘盈计入其他收入，盘亏计入其他支出；数额较大的，可作为增减公积公益金处理，同时调整账簿记录。

对清产核资前没有纳入账内核算的固定资产、无形资产、农业资产等，包括政府拨款、税费减免等形成的资产，社会团体、个人捐赠的资产等，有原始凭证的，按记载价值入账；无法取得原始凭证的，通过资产估价确认价值入账，作为增加公积公益金处理，经民主程序讨论通过，可转增资本（并按股权比例量化给成员或集体），同时调整账簿记录。

对确实无法收回的应收款项、对外投资，预期不能带来收益的无形资产，确实无法支付的债务等核销，履行相应程序后，按照会计制度进行账务处理。债权核销计入其他支出，债务核销计入其他收入，投资净损失计入投资收益，同时调整账簿记录。

对集体经济组织全资持有的被投资企业，要将其清产核资后生成的资产负债表，与集体经济组织的资产负债表相关科目进行合并，同时集体经济组织与被投资企业之间的债权和债务项目要相互抵销；并调减集体经济组织的长期投资和被投资企业的所有者权益，差额计入公积公益金；对集体经济组织直接或间接拥有半数以上表决权等能够控制的被投资企业，在清产核资后，将所有者权益按投资比例对应调整集体经济组织的长期投资，差额计入公积公益金。

6.3 对清产核资中核增核减资产税务处理的相关规定

1. 关于企业所得税的相关规定

国家税务总局《关于城镇集体企业单位清产核资若干税收财务处理规定的通知》（国税发〔1998〕55 号）规定，对城镇集体企业在全国统一组织的清产核资中，其固定资产价值重估后增值的部分不计征所得税，并可提取相应的折旧在税前扣除。并对清产核资损失明确规定，对清理出的净损失，企业有承受能力的，可列入当期损益；企业无力列损益的，可核销权益，即依次冲减盈余公积、资本公积和实收资本；企业既无力列损益，又无权益可冲的，可暂列作为递延资产留待以后年度逐步处理。但该文件被国税发〔2006〕62 号自 2006 年 4 月 30 日起全文废止。

2006 年 2 月 21 日，财政部、国家税务总局联合下发《关于中央企业清产核资有关税收处理问题的通知》（财税〔2006〕18 号）明确，中央企业清产核资涉及的资产盘盈（含负债潜盈）和资产损失（含负债损失），其企业所得税按以下原则处理：企业清产核资中以独立纳税人为单位，全部资产盘盈与全部资产损失直接相冲抵，净盘盈可转增国家资本金，不计入应纳税所得额，同时允许相关资产按重新核定的入账价值计提折旧；资产净损失，可按规定先逐次冲减未分配利润、盈余公积、资本公积，冲减不足的，经批准可冲减实收资本（股本）；对减资影响企业资信要求的企业，具体按照《中央企业纳税基本单位清产核资自列损益资产损失情况表》所列企业单位和金额，可分三年期限在企业所得税前均匀申报扣除。但该文件随着《企业所得税法》的颁布实施，自 2008 年 12 月 31 日起失效。

2009 年 4 月 16 日，财政部、国家税务总局联合下发《关于企业资产损失税前扣除政策的通知》（财税〔2009〕57 号），对企业在生产经营活动中实际发生的、与取得应税收入有关的资产损失的税前扣除进行了明确。随后，国家税务总局于 2011 年 3 月 31 日下发了《关于发布〈企业资产损失所得税税前扣除管理办法〉的公告》（国家税务总局公告 2011 年第 25 号），将财产损失划分为实际损失和法定损失两大类，对其申报税前扣除的方式分为清单申报和专项申报，并对专项申报和清单申报的适用范围、程序和所需资料进行了具体规定。

2014 年 3 月 17 日，国家税务总局为贯彻落实《国务院关于取消和下放一批行政审批项目的决定》，下发了《关于企业因国务院决定事项形成的资产损失税前扣除问题的公告》（国家税务总局公告 2014 年第 18 号），明确对企业因国务院决定事项形成的资产损失，不再上报国家税务总局审核，而是以专项申报的方式向主管税务机关申报扣除。专项申报扣除的有关事项，按照国家税务总局公告 2011 年第 25 号规定执行。

2018 年 4 月 10 日，国家税务总局为了进一步深化税务系统“放管服”改革，简化企业纳税申报资料报送，减轻企业办税负担，下发《国家税务总局关于企业所得税资产损失资料留存备查有关事项的公告》（国家税务总局公告 2018 年第 15 号），明确企业向税务机关申报扣除资产损失，仅需填报企业所得税年度纳税申报表《资产损失税前扣除及纳税调整明细表》，不再报送资产损失相关资料。相关资料由企业留存备查。

2. 关于房产税和印花税的相关规定

《财政部 国家税务总局关于集体企业清产核资中有关房产税印花税问题的通知》（财税字〔1997〕131 号）对集体企业在清产核资工作中进行固定资产价值重估后的新增价值，应按照有关税收法规征收房产税和印花税；集体企业在清产核资工作中按照国家法规，对主要固定资产已按价值重估后的价值增提折旧的，应按照重估后的价值征收房产税和印花税；对资产重估后未能按新增价值增提折旧的集体企业可由同级清产核资机构出具证明，经主管税务机关核实，从 1997 年 1 月 1 日起至 1998 年 12 月 31 日止，对其固定资产重估后新增价值部分免征房产税和缓征印花税。但该文件被财政部令 2003 年第 16 号全文废止。

6.4　清产核资过程中核增核减资产面临的税收问题

第一，尽管农经发〔2017〕11 号文件对核增核减资产的会计处理做出了明确规定，且文件的制定也有财政部和国家税务总局的参与，但文件对于盘盈资产计入公积公益金或其他收入，以及对于盘亏资产计入公积公益金或其他支出，其对农村集体经济组织税务处理所产生的影响是不同的；且文件并未就计入公积公益金或其他收支做出量化指标规定，各地执行不一样，税务机关如何征管尚待明确。

第二，在清产核资过程中，资产价值重估作为清产核资的必经环节，其资产重估的增值或减值如何进行企业所得税处理，文件及相关税收法规尚待进一步明确。

第三，在清产核资过程中，盘盈的房屋建筑物（尤其是自用房屋）等固定资产是否需要补缴房产税，是以重估后的价值计算缴纳还是以其他可以确认的价值计算缴纳尚待明确。

第四，在清产核资过程中，盘盈资产按重估价值计入公积公益金的部分，是否需要按规定计算缴纳印花税，还是可以享受印花税减免尚待进一步明确。

6.5　清产核资过程中核增核减资产税收处理的建议

基于农村集体经济组织特殊法人地位及其所承担的社会职能，本着有助于集体经济发展、推动乡村振兴的现实背景，建议如下：

1. 明确清产核资过程中盘盈、盘亏资产，不属于增值税应税范围，不征收增值税。

2. 对于盘盈资产，以重估价值直接作为增加集体经济组织成员投入计入公积公益金，不作为应纳税所得额；该项已重估价值入账资产，其折旧或摊销额允许在企业所得税税前扣除。盘亏资产，允许其计入当期损益，在企业所得税前扣除。

3. 对于清产核资过程中的法定资产评估增（减）值，其计税基础按原资产的计税基础确定，其评估增（减）值所对应的折旧或摊销额不得在企业所得税税前扣除。

4. 对于盘盈的房屋建筑物等固定资产，自盘盈之日起，自用的，以重估后的价值为基础计算缴纳房产税；对外出租的，以取得的租金收入为基础计算缴纳房产税。

5. 在清产核资过程中，盘盈资产按重估价值计入公积公益金的部分，暂免征收印花税。

第7章　农村集体经济组织及其所属企业间资产划转的税收问题及建议

“划转”一词作为正式的法律用语，最早出现在我国的《企业国有资产法》第五十一条：“……按照国家规定无偿划转国有资产的除外。”《企业国有产权无偿划转管理暂行办法》（国资发产权〔2005〕239号）第二条指出，企业国有产权无偿划转，是指企业国有产权在政府机构、事业单位、国有独资企业、国有独资公司之间的无偿转移。国有独资公司作为划入或划出一方的，应当符合《公司法》的相关规定。2009年2月16日，为规范中央企业国有产权无偿划转行为，国务院国有资产监督管理委员会发布《企业国有产权无偿划转工作指引》（国资发产权〔2009〕25号）进一步明确，国有独资企业、国有独资公司、国有事业单位投资设立的一人有限责任公司及其再投资设立的一人有限责任公司，可以作为划入方（划出方）；中央企业及其子企业无偿划入（划出）企业国有产权，适用本指引。可见，资产划转原本是国有企业之间资产流转的一种形式，国有资产无偿划转应该是整体或者部分国有资产在不同国有产权主体之间的无偿转移。

随着农村经济的不断发展，乡村振兴战略的实施，在促进社区经济发展的客观要求下，为了集中力量、整合资源，农村集体经济组织之间、农村集体经济组织及其所属集体企业之间，以及同一行政区域内的农村集体所有制企业之间资产划转与整合的规模越来越大。因此，农村集体经济组织及其所属集体企业之间资产划转的税收问题也就越来越突出，越来越需要予以重视并加以明确。

7.1　农村集体经济组织及其企业之间资产划转的特点

1. 资产的划转具有明显行政性

农村集体经济组织及其所属企业之间的资产划转，一般都是应各级集体经济管理部门的要求，为集中本行政区域资源、调整集体经济产业布局，为促进本社区经济发展需要，经过必要的法定程序而做出的安排；其往往不是集体经济组织或集体企业本身的自觉行为，而是带有明显的行政性和强制性。

2. 资产的划转具有严格社区性

农村集体经济的所有权归本社区的全体成员集体所有，农村集体经济组织所有权的行使主体是集体经济组织成员代表。为维护本地区集体经济组织成员利益，集体经济组织及其所属集体企业之间的资产划转，是严格在本行政区划内的集体经济组织之间或其所属全资企业之间的，一般不会跨区（县）无偿划转，具有严格的社区性。

3. 资产的划转不具备交易实质

集体经济组织及其所属企业之间的资产划转是在行政管理的指导下，在集体经济组织及其所属企业之间的资产无偿调拨，其本身并非正常意义下的交易活动，也不产生增（减）值，也不是正常的市场行为。因此，集体经济组织及其所属企业之间的资产划转不具有交易实质。

4. 资产的划转是特定历史时期的行为

集体经济组织及其所属企业之间的资产划转是在行政干预下的非市场交易行为，其目的是集中优势资源，整合产业发展，提高集体经济经营效率，因此，它是在产权制度改革和产权结构调整、产业规划变更和产业布局完善等特定时期内的特殊行为。

7.2 现行税收政策规定及其存在的问题

1. 关于增值税

根据《增值税暂行条例实施细则》第四条规定，单位或者个体工商户将自产或者委托加工的货物用于非增值税应税项目；将自产、委托加工或者购进的货物作为投资、提供给其他单位或者个体工商户、分配给股东或者投资者均应当视同销售，按照增值税相关规定计算缴纳增值税。

《国家税务总局关于纳税人资产重组有关增值税问题的公告》（国家税务总局公告 2011 年第 13 号）明确，自 2011 年 3 月 1 日起，纳税人在资产重组过程中，通过合并、分立、出售、置换等方式，将全部或者部分实物资产以及与其相关联的债权、负债和劳动力一并转让给其他单位和个人，不属于增值税的征税范围，其中涉及的货物转让，不征收增值税；《关于全面推开营业税改征增值税试点的通知》（财税〔2016〕36 号）附件 2《试点有关事项的规定》中明确，在资产重组过程中，通过合并、分立、出售、置换等方式，将全部或者部分实物资产以及与其相关联的债权、负债和劳动力一并转让给其他单位和个人，其中涉及的不动产、土地使用权转让行为，不征收增值税。

《国家税务总局关于纳税人资产重组增值税留抵税额处理

有关问题的公告》（国家税务总局公告2012年第55号）和《国家税务总局关于纳税人资产重组有关增值税问题的公告》（国家税务总局公告2013年第66号）进一步明确，增值税一般纳税人（以下称“原纳税人”）在资产重组过程中，将全部资产、负债和劳动力一并转让给其他增值税一般纳税人（以下称“新纳税人”），并按程序办理注销税务登记的，其在办理注销登记前尚未抵扣的进项税额可结转至新纳税人处继续抵扣。

从上述规定可以看出，在将资产以及与其相关联的债权、负债和劳动力一并重组至另一公司时，不征收增值税。但如果仅仅是单一的资产在集体经济组织及其所属企业之间进行无偿转移时，税务机关就很可能要求视同销售处理，按规定计算缴纳增值税。

2. 关于土地增值税

尽管《财政部 税务总局关于继续实施企业改制重组有关土地增值税政策的通知》（财税〔2018〕57号）和《财政部 国家税务总局关于支持农村集体产权制度改革有关税收政策的通知》（财税〔2017〕55号）分别对企业改制重组和农村集体经济组织改制重组中的土地增值税问题进行了明确，但集体经济组织之间、集体经济组织与其所属企业之间的资产划转，如果涉及房产、国有土地使用权的转移，则应按《土地增值税清算管理规程》第十九条的规定计算缴纳土地增值税。

3. 关于契税

《进一步支持企业事业单位改制重组有关契税政策的通知》（财税〔2015〕37 号）规定，对承受县级以上人民政府或国有资产管理部门按规定进行行政性调整、划转国有土地、房屋权属的单位，免征契税；同一投资主体内部所属企业之间土地、房屋权属的划转，包括母公司与其全资子公司之间，同一公司所属全资子公司之间，同一自然人与其设立的个人独资企业、一人有限公司之间土地、房屋权属的划转，免征契税。

《财政部 税务总局关于支持农村集体产权制度改革有关税收政策的通知》（财税〔2017〕55 号）规定，自 2017 年 1 月 1 日起，对进行股份合作制改革后的农村集体经济组织承受原集体经济组织的土地、房屋权属，免征契税；对农村集体经济组织以及代行集体经济组织职能的村民委员会、村民小组进行清产核资收回集体资产而承受土地、房屋权属，免征契税。

问题在于，农村集体经济组织与其所属企业之间的资产划转，往往是在乡（镇）、村级范围内的集体企业之间，以及集体企业与集体经济组织之间进行，往往不符合前述免征契税的条件。

4. 关于印花税

根据《财政部 税务总局关于支持农村集体产权制度改革有关税收政策的通知》（财税〔2017〕55号）规定，自2017年1月1日起，对因农村集体经济组织以及代行集体经济组织职能的村民委员会、村民小组进行清产核资收回集体资产而签订的产权转移书据，免征印花税。但对农村集体经济组织及其所属企业之间资产划转所订立的产权转移的书据，是否可以免税尚未明确。

5. 关于企业所得税

（1）《国家税务总局关于企业处置资产所得税处理问题的通知》（国税函〔2008〕828号）和《国家税务总局关于企业所得税有关问题的公告》（国家税务总局公告2016年第80号）明确规定，企业将资产移送他人，因资产所有权属发生改变而不属于内部处置资产的，应视同销售，按照被移送资产的公允价值确定销售收入。

（2）《财政部 国家税务总局关于促进企业重组有关企业所得税处理问题的通知》（财税〔2014〕109号）规定，自2014年1月1日起，对100%直接控制的居民企业之间，以及受同一或相同多家居民企业100%直接控制的居民企业之间按账面净值划转股权或资产，凡具有合理商业目的，不以减少、免除或者推迟缴纳税款为主要目的，股权或资产划转后连续12个月内不改变被划转股权或资产原来实质性的经营活动，且划出方企业和划入方企业均未在会计上确认损益的，可以选择按以下规定进行特殊性税务处理，划出方企业和划入方企业均不确认所得，划入方企业取得被划转股权或资产的计税基础，以被划转股权或资产的原账面净值确定，划入方企业取得的被划转资产，应按其原账面净值计算折旧扣除。《关于资产（股权）划转企业所得税征管问题的公告》（国家税务总局公告2015年第40号）规定，母公司向子公司按账面价值划转其持有的股权或资产，母公司获得子公司100%的股权支付。则母公司按增加长期股权投资处理，母公司获得子公司股权的计税基础以划转股份或资产的原计税基础确定。

因此，符合上述条件的企业之间资产划转，不会因资产划转而导致需要缴纳企业所得税的问题。

（3）《国家税务总局关于企业所得税应纳税所得额若干问题的公告》（国家税务总局公告2014年第29号）明确，企业接收股东划入资产（包括股东赠予资产），凡合同、协议约定作为资本金（包括资本公积）且在会计上已做实际处理的，不计入企业的收入总额，企业应按公允价值确定该项资产的计税基础；企业接收股东划入资产，凡作为收入处理的，应按公允价值计入收入总额，计算缴纳企业所得税，同时按公允价值确定该项资产的计税基础。这种股东资产的划转，是否应考虑企业所得税，取决于合同协议的约定。

从上述分析可以看出，如果集体经济组织之间、集体经济组织与其所属集体企业之间，以及同一乡（镇）或村域范围内的集体企业之间，一旦不能满足前述控股条件或不是向被投资企业追加投资，则很可能被税务机关按照国税函〔2008〕828号文件和国家税务总局公告2016年第80号的要求，计算缴纳企业所得税。

7.3 对农村集体经济组织及其所属企业间资产划转税收处理的建议

基于集体经济组织及其所属企业之间的资产划转的特点，对其税收征管的建议如下：

1. 明确将同一乡（镇）区域内集体经济组织及其所属全资集体企业之间的资产划转，视同于同一主体内部之间的内部处置资产，不视同销售确认收入，不计算缴纳增值税。

2. 扩大财税〔2017〕55号文件的适用范围，将免征契税和印花税的范围扩大到集体经济组织及其所属全资集体企业之间的资产划转。

3. 扩大财税〔2017〕55号文件的适用范围，将集体经济组织及其所属全资集体企业之间的房产、土地等划转纳入免征土地增值税范围。

4. 参照财税〔2014〕109 号文件的规定，明确集体经济组织及其所属全资集体企业之间资产划转的所得税处理：对划出方和划入方均不确认所得；对划入方取得被划转资产的计税基础，以被划转资产的原计税基础确定，划入方企业取得的被划转资产，应按其原计税基础计算折旧扣除。

第8章　回迁房和农民安居工程的税收问题及建议

原《土地管理法》第四十三条规定，任何单位和个人进行建设，需要使用土地的，必须依法申请使用国有土地，但兴办乡镇企业和村民建设住宅经依法批准使用本集体经济组织农民集体所有的土地的，或者乡（镇）村公共设施和公益事业建设经依法批准使用农民集体所有的土地的除外。新修订的《土地管理法》删除了原法第四十三条的规定，在第四十五条中明确规定，由政府组织实施的扶贫搬迁、保障性安居工程建设需要，确需征收农民集体所有的土地的，可以依法实施征收。这为国家利用集体建设用地进行农民回迁安置和安居工程建设提供了法律基础。

实际上，随着农村城镇化的快速推进，为促进城乡融合发展和推动乡村振兴，解决国家土地储备和完善城市基础设施建设，提高农民住宅水平，农村集体经济组织及其所属集体企业大量参与了拆迁安置工作和农民安居工程建设。

8.1　回迁房和农民安居工程的特点

回迁房[①]是指在原地拆迁安置的房屋。农民安居工程是指农村集体经济组织在政府的指导下，利用农村集体建设用地为本集体经济组织成员开发建设居住用房，以提高其居住水平和舒适度的农民住房建设工程。回迁房和农民安居工程的特点有：

1. 具有很强的政府主导性

无论是回迁房还是农民安居工程都必须由政府主导，无论是土地补偿费、房屋建筑物补偿费、机器设备补偿费、青苗补偿费，还是人员安置费、停工停产补偿费等，都是由政府参与并主导的拆迁行政行为所支付的对价；在补偿费用的支付方式上，无论是由政府直接支付，还是通过拆迁公司支付，或者通过抵销地价款的方式由开发商直接向拆迁户支付，均为政府城市规划的一部分，具有非经营性质。

2. 拆迁补偿费用内容较为复杂

国有土地和集体土地上的房屋征收分别是由《国有土地上

① 拆迁安置房是指在政府实施土地储备、非经营性公益性项目建设、城市基础设施建设和军事设施建设等行政划拨用地的拆迁过程中，以确定的价格、套型面积向具有本市户口（含农业职业）的被拆迁人定向销售的住宅房屋；回迁房是拆迁安置房的一种。

房屋征收与补偿条例》和《土地管理法》调整。《国有土地上房屋征收与补偿条例》规定了房屋补偿、搬迁安置补偿、停产停业补偿三大类内容；《土地管理法》明确，征收耕地的补偿费用包括土地补偿费、安置补助费以及地上附着物和青苗的补偿费。在回迁房和农民安居工程建设中，农村集体建设用地被征用时，其拆迁补偿费往往包括土地补偿费、房屋建筑物补偿费、机器设备补偿费、人员安置费、停工停产补偿费；如果是耕地，则还会涉及青苗补偿费等。而国家对被拆迁单位收到拆迁补偿费用时，在不同时期税收征管的要求是不同的[①]。

3. 实施主体多样

在回迁安置房和农民安居工程建设实施过程中，不同时期不同地区的管理方式不同，如有的地区是政府直接委托拆迁公司进行拆迁，有的地区则是委托开发公司进行拆迁安置。

4. 补偿方式多样

在回迁安置和农民安居过程中，对被拆迁户的补偿方式包

---

① 征地时的拆迁补偿必然伴随着地上建筑物、附着物以及青苗等补偿，对于“征地补偿款”“地上建筑物补偿款”“青苗补偿款”等应借助“房地一体化的原则”合并处理，即上述费用都是在收回土地使用权的过程中支付的对价，应与政府收回土地使用权的行为适用同一税收政策；财政部 国家税务总局公告2020年第40号第三条的规定，正是这一征管思维的体现。集体经济组织及其所属企业收到拆迁补偿费用的征税问题在本书的第三章中已经阐述，本章不再赘述；本章主要阐述从事回迁房和农民安居工程项目开发建设的农村集体经济组织及其所属企业面临的税收问题。

括货币补偿、产权置换，以及货币补偿与产权置换相结合等不同方式。所谓货币补偿，是指开发商以现金方式支付拆迁补偿款，同时约定回迁户以市场价格购买新房实现回迁或“农民上楼”；所谓产权置换方式即通常所说的面积补偿，是指开发商与被拆迁人约定，不给予被拆迁人现金补偿而是按照一定比例直接偿还被拆迁人一定房屋面积。如双方约定，可以按照 1∶1.2 的面积比例给予被拆迁人回迁安置用房面积。所谓货币补偿与产权置换相结合，是指开发商并不支付拆迁补偿款，或仅支付很少一部分拆迁补偿款，但允许回迁户以较为优惠价格购买新房。

8.2　回迁房及农民安居工程现行税收政策及存在的问题

1. 回迁房及农民安居工程营业税政策回顾

早在 1995 年，国税函〔1995〕549 号文件明确，对外商投资企业从事城市住宅小区建设取得的收入，应当按照《营业税暂行条例》的有关规定，就其取得的营业额计征营业税；对偿还面积与拆迁建筑面积相等的部分，由当地税务机关按同类住宅房屋的成本价核定计征营业税，对最终转让时未作价结算的住宅区配套公共设施（如居委会用房、车棚、托儿所等），凡转让收入已包含在住宅房屋转让价格中并已征收营业税的，不再征收营业税。即产权置换中的等额面积补偿，按成本价核定，公摊面积凡已计入销售面积的不再征税。而国税函〔2007〕768号文件则要求，房地产开发公司对被拆迁户实行房屋产权调换时，应按“销售不动产”税目缴纳营业税。

对于拆迁方提供建筑物拆除、平整土地劳务取得的收入的行为，国税函〔2009〕520号文件要求按照“建筑业”税目缴纳营业税；而对其代委托方向原土地使用权人支付拆迁补偿费的行为，要求按照“服务业—代理业”行为，以其提供代理劳务取得的全部收入减去代委托方支付的拆迁补偿费后的余额为营业额计算缴纳营业税。

对于在不承担地价的土地上开发回迁安置房的征税问题，国家税务总局公告2014年第2号明确，纳税人以自己名义立项，在该纳税人不承担土地出让价款的土地上开发回迁安置房，并向原居民无偿转让回迁安置房所有权的行为，应视同销售不动产征收营业税，其计税营业额按《营业税暂行条例实施细则》（财政部 国家税务总局令第52号）第二十条第一款第（三）项的规定，即按照成本加成方式予以核定，但不包括回迁安置房所处地块的土地使用权价款。

2. “营改增”后回迁房和农民安居工程的增值税规定及其存在的问题

农村集体经济组织及其所属企业从事回迁房和农民安居工

程开发建设，根据被安置对象所采用的购买新房方式，可分为货币回购和产权置换两种方式来分别讨论。

（1）货币回购方式。即开发单位以现金方式支付被拆迁方拆迁补偿款，同时约定被拆迁方以拆迁合同约定的价格购买新房以实现回迁安置。在这种情况下，《营业税改征增值税试点有关事项的规定》（财税〔2016〕36号）规定，房地产开发企业中的一般纳税人销售其开发的房地产项目（选择简易计税方法的房地产老项目除外），以取得的全部价款和价外费用，扣除受让土地时向政府部门支付的土地价款后的余额为销售额①；而财税〔2016〕140号文件第七条规定，将计算销售额时允许扣除的费用由土地价款扩大到了拆迁补偿款，但前提条件是，纳税人按上述规定扣除拆迁补偿费用时，应提供拆迁协议、拆迁双方支付和取得拆迁补偿费用凭证等能够证明拆迁补偿费用真实性的材料。

（2）产权置换方式。即开发单位以被拆迁方原有居住面积为基础，按拆迁合同约定的面积比例偿还给被拆迁人；对于面积存在差异的，再按照拆迁合同约定的价格“多退少补”。在这种方式下，因协议还建面积部分没有实际货币交易金额，按照财税〔2016〕36号规定，需按视同销售处理，而财税〔2016〕

① 由于回迁房和农民安居工程的承接单位具有较为严格的限制，其销售额和成本动辄上亿元，一般情况下不符合小规模纳税人的条件，因此本章不考虑小规模纳税人的纳税情形。

36号文件第四十四条对于视同销售的价格确定进行了明确，即可以按顺序选择按照最近时期销售同类不动产的平均价格确定、按照其他纳税人最近时期销售同类不动产的平均价格确定、按照组成计税价格确定；组成计税价格 = 成本 ×（1 + 成本利润率）。对于类似问题，《广东省“三旧”改造税收指引（2019年版）》（粤税发〔2019〕188号）中也只是明确了要求做视同销售处理，但其销售价格如何确定、其进项税额如何抵扣，尚未做出明确规定。

（3）回迁房和农民安居工程的增值税政策中存在的问题。从上述分析可以看出，在货币回购方式下，资金流转所伴随的收支凭证和抵扣凭证一般不会存在问题，但在产权置换方式下，关于回迁房和安居工程视同销售的销售额确定存在争议，部分地区要求按照市场价，部分地区要求按照成本加成价，部分地区没有明确口径；对于进项税额的抵扣，一旦实物安置中缺乏现金流而导致收支凭证和抵扣凭证的缺失，就会无法抵扣进项税额。而实践中，恰恰是产权置换方式占据主导地位，如果仅仅是因为回购形式不同而差别处理，一方面违反了税收公平原则，另一方面忽视了产权置换回购中真实发生的实物安置成本。

在实际操作过程中，如果集体企业在农村集体经济组织所有的土地上拆除原有房屋、平整土地、建设回迁房或农民安居工程，则属于为农村集体经济组织提供建筑施工服务，应按

“建筑服务”计算缴纳增值税；如果集体企业代委托方向集体经济组织支付拆迁补偿费，应当按照“代理服务”计算缴纳增值税。

3. 回迁房和农民安居工程现行企业所得税规定及其存在的问题

同样，对回迁房和农民安居工程的所得税处理，也可以分为货币回购方式和产权置换方式两种情况来分析。

（1）货币回购方式。在该种方式下，业务相对比较简单。开发商支付拆迁补偿款是其以货币方式支付的成本，应当按照实际支出作为其合理的成本支出在企业所得税前扣除。开发商根据拆迁补偿协议约定的回购价格确认销售收入即可。

（2）产权置换方式。在该种方式下，开发商发生以非货币方式支付的拆迁补偿支出、回迁房或农民安居房的建造支出，其税收处理比较复杂。

对于销售收入确认而言，《企业所得税法实施条例》第二十五条明确规定，企业发生非货币性资产交换时应当视同销售货物。国税函〔2008〕828 号文件和国家税务总局公告 2016 年第 80 号要求，应按公允价值确定销售收入。而《国家税务总局关于印发〈房地产开发经营业务企业所得税处理办法〉的通知》（国税发〔2009〕31 号）第七条也明确规定，企业将开发产品用于分配给股东或投资人、换取其他企事业单位和个人的非货币性资产等行为应视同销售，于开发产品所有权或使用权转移，或于实际取得利益权利时确认收入（或利润）的实现。其确认收入（或利润）的方法和顺序依次为按本企业近期或本年度最近月份同类开发产品市场销售价格确定、由主管税务机关参照当地同类开发产品市场公允价值确定、按开发产品的成本利润率确定，其开发产品的成本利润率不得低于15%，具体比例由主管税务机关确定。

对于其成本确认而言，根据《企业所得税法》及其实施条例精神，产权置换回购中真实发生的实物安置成本，理应作为视同销售成本处理。但《国家税务总局关于印发〈房地产开发经营业务企业所得税处理办法〉的通知》（国税发〔2009〕31号）第三十一条对企业以非货币交易方式取得土地使用权的成本确认做出规定：换取的开发产品如为该项土地开发、建造的，接受投资的企业在接受土地使用权时暂不确认其成本，待首次分出开发产品时，再按应分出开发产品（包括首次分出的和以后应分出的）的市场公允价值和土地使用权转移过程中应支付的相关税费计算确认该项土地使用权的成本。如涉及补价，土地使用权的取得成本还应加上应支付的补价款或减除应收到的补价款；换取的开发产品如为其他土地开发、建造的，接受投资的企业在投资交易发生时，按应付出开发产品市场公允价值和土地使用权转移过程中应支付的相关税费计算确认该项土地使用权的成本。如涉及补价，土地使用权的取得成本还应加上应支付的补价款或减除应收到的补价款。

综上，在货币回购方式下，所得税的处理简单明确。但在产权置换方式下，按照国税函〔2008〕828号文件规定，开发企业的销售额应当按照公允价值计量，而根据国税发〔2009〕31号文件规定，开发企业可以按照成本加成方法确认销售额；在计算其成本时，按照国税函〔2008〕828号文件规定，开发企业的成本也应当按照公允价值计量，而根据国税发〔2009〕31号文件规定，回迁房和农民安居工程的成本应以开发产品市场公允价值和土地使用权转移过程中应支付的相关税费计算确认。这直接导致税收政策之间收入与成本的内涵存在差异。

4. 回迁房和农民安居工程现行土地增值税规定及其存在的问题

（1）货币回购方式。在该种方式下，《国家税务总局关于土地增值税清算有关问题的通知》（国税函〔2010〕220号）第六条规定，货币安置拆迁的，房地产开发企业凭合法有效凭据计入拆迁补偿费。

（2）产权置换方式。该种方式下土地增值税的处理，《国家税务总局关于房地产开发企业土地增值税清算管理有关问题的通知》（国税发〔2006〕187号）第三条第（一）款要求开发企业对安置用房按照视同销售处理，其销售价格按本企业在同一地区、同一年度销售的同类房地产的平均价格确定，或由主管税务机关参照当地当年、同类房地产的市场价格或评估价值确定。而《国家税务总局关于土地增值税清算有关问题的通知》（国税函〔2010〕220号）第六条规定，开发企业用建造的本项目房地产安置回迁户的，安置用房视同销售处理，按国税发〔2006〕187号文件第三条第（一）款规定确认收入，同时将此确认为房地产开发项目的拆迁补偿费，房地产开发企业支付给回迁户的补差价款，计入拆迁补偿费，回迁户支付给房地产开发企业的补差价款，应抵减本项目拆迁补偿费；开发企业采取异地安置，异地安置的房屋属于自行开发建造的，房屋价值按国税发〔2006〕187号文件第三条第（一）款的规定计算，计入本项目的拆迁补偿费；异地安置的房屋属于购入的，以实际支付的购房支出计入拆迁补偿费。

从上述文件中可以看出，由于开发企业用建造的本项目房地产安置和异地安置的税收处理不同，会对开发单位造成巨大的影响：

第一，确定是否属于异地安置，取决于安置房与开发房产是否属于同一清算项目。根据国税发〔2006〕187号文件第一条规定，土地增值税是以国家有关部门审批的房地产开发项目为单位进行清算的。但实践中，各地对土地增税清算单位的划分标准不完全一致。有的以发改委立项批准文件作为划分标准，如北京市、陕西省等；有的以《建设工程规划许可证》作为划分标准，如四川省、贵州省、山东省、云南省等；有的以《建筑工程施工许可证》作为划分标准，如安徽省。在全国范围不同地区的不同集体经济组织及其所属企业所从事的回迁安置和农民安居工程因为清算单位标准不一而税负差异很大。

第二，回迁房和农民安居工程建设是否在开发项目的红线内，并非开发单位自身可以决定，而是取决于政府部门的规划许可。本地安置与异地安置的拆迁安置费用处理方式不同。异地安置时，收取的安置费用需要视同销售收入，而支付的拆迁安置费用在开发项目地块（红线内）列支，会导致安置地块与开发项目地块增值率的重大变化，从而对经济行为产生严重扭曲。

第三，回迁房和安居工程项目中除普通住宅外，是否还包含非普通住宅和其他商业配套，取决于政府规划而非集体经济组织及其所属企业在内的开发商。在回迁房和农民安居工程开发过程中，往往包含一部分底商和改善性安居用房，即在同一项目中可能包含普通住宅、非普通住宅、商业和其他设施。《财政部 国家税务总局关于土地增值税一些具体问题规定的通知》（财税〔1995〕48 号）要求对纳税人既建普通标准住宅又进行其他房地产开发的，应分别核算增值额。《土地增值税暂行条例实施细则》将普通标准住宅与其他住宅的具体划分界限，交由各省、自治区、直辖市人民政府规定。国税发〔2006〕187号文件明确要求开发项目中同时包含普通住宅和非普通住宅的应分别计算增值额，即“两分法”，将清算对象分为普通住宅和非普通住宅；而《国家税务总局关于修订土地增值税纳税申报表的通知》（税总函〔2016〕309号）将清算对象分为了普通住宅、非普通住宅、其他类型房地产，即“三分法”。目前各地执行标准也不尽相同，如北京市采用的是“两分法”，而西安市则采用的是“三分法”。

第四，基于农村集体经济组织及其所属企业的特殊属性，农民回迁房与安居工程在开发建设过程中，土地往往是村集体经济组织的，而实施开发建设的主体往往是村属企业或乡（镇）属集体企业。由于历史原因，其资产管理和成本划分的边界并不严格，资金和票据的流转尚不规范，尤其是伴随回迁和安置所要求的绿化、环卫等红线外的社区公益配套建设等，导致成本费用的划分和归集无法满足土地增值税税收征管的要求。

5. 回迁房和农民安居工程项目现行契税政策规定及其存在的问题

根据《契税暂行条例》第四条规定，国有土地使用权出让、土地使用权出售、房屋买卖，契税的计税依据为成交价格。《契税暂行条例实施细则》第九条进一步明确，条例所称成交价格，是指土地、房屋权属转移合同确定的价格。包括承受者应交付的货币、实物、无形资产或者其他经济利益。《财政部 国家税务总局关于国有土地使用权出让等有关契税问题的通知》（财税〔2004〕134 号）规定，以协议方式出让的，其契税计税价格为成交价格，成交价格包括土地出让金、土地补偿费、安置补助费、地上附着物和青苗补偿费、拆迁补偿费、市政建设配套费等承受者应支付的货币、实物、无形资产及其他经济利益；以竞价方式出让的，其契税计税价格一般应确定为竞价的成交价格，土地出让金、市政建设配套费以及各种补偿费用应包括在内；先以划拨方式取得土地使用权，后经批准改为出让方式取得该土地使用权的，应依法缴纳契税，其计税依据为应补缴的土地出让金和其他出让费用；已购公有住房经补缴土地出让金和其他出让费用成为完全产权住房的，免征土地权属转移的契税。财税〔2013〕101 号文件明确，在棚户区改造过程中，对经营管理单位回购已分配的改造安置住房继续作为改造安置房源的免征契税。财税〔2018〕135 号文件和财政部 国家税务总局公告 2021 年第 6 号规定，在 2025 年 12 月 31 日前，对易地扶贫搬迁项目实施主体取得用于建设安置住房的土地免征契税；项目实施主体在商品住房等开发项目中配套建设安置住房的，按安置住房建筑面积占总建筑面积的比例，计算应予免征的安置住房用地相关的契税。

在回迁房和农民安居工程开发建设中，用于回迁房和农民安居工程的集体建设用地，土地所有权是农民集体所有，其确权主体是农村集体经济组织，而实施回迁安置和农民安居工程的主体往往是所属企业或其他独立第三方。从上述文件规定可以看出，只有国有土地出让、土地使用权出售、房屋买卖才是契税的纳税义务人，如果集体建设用地不征为国有土地，则不涉及契税的问题。但将集体建设用地征为国有土地并用于建设回迁房和农民安居工程用房时，土地补偿款有可能支付给农村集体经济组织，也可能由开发单位代为支付；如果开发企业代为支付，则拆迁补偿费将作为“取得该土地使用权而支付的全部经济利益”，要求征收契税。目前，回迁安置或农民安居项目取得的土地使用权和房产，是否可以参照财税〔2013〕101 号或财税〔2018〕135 号等文件规定免征契税尚不明确；如果不能享受相应的税收优惠政策，在回迁房和农民安居工程开发建设过程中，不同实施主体取得的土地使用权或房产的契税计征依据尚待明确。

6. 回迁房和农民安居工程现行印花税政策规定及其存在的问题

《印花税暂行条例施行细则》第五条规定，产权转移书据是指单位和个人产权的买卖、继承、赠予、交换、分割等所立的书据。《财政部 国家税务总局关于印花税若干政策的通知》（财税〔2006〕162 号）第四条规定，对商品房销售合同按照产权转移书据征收印花税，而不是按销售合同计算缴纳印花税。财税〔2013〕101 号文件明确，对棚户区改造中的改造安置住房经营管理单位、开发商与改造安置住房相关的印花税予以免征，对实施主体在商品住房等开发项目中配套建造安置住房的，按改造安置住房建筑面积占总建筑面积的比例免征印花税；财税〔2018〕135 号和财政部 税务总局公告 2021 年第 6 号规定，在 2025 年 12 月 31 日前，对易地扶贫搬迁过程中安置住房建设和分配过程中应由项目实施主体缴纳的印花税予以免征；对项目实施主体在商品住房等开发项目中配套建设安置住房的，按安置住房建筑面积占总建筑面积的比例，计算应予免征项目实施主体、项目单位相关的印花税。

在货币回购方式下，回迁安置或农民安居工程直接按与房屋买受人签署的合同金额计算缴纳印花税即可；而在产权置换方式下，房屋回迁安置合同或农民安居工程合同是指开发企业与被拆迁户实施房屋产权调换时，与被拆迁户签订的按被拆迁人房屋原面积的一定比例面积给予回迁安置的合同，其实质是以不动产所有权为表现形式的经济利益的交换，属于特殊形式的房屋销售合同，其合同价款中拆还互换面积部分往往没有价款，只有当存在面积补差时，才有补价部分的价款。目前，房屋回迁安置合同或农民安居购房合同是否可以参照财税〔2013〕101号或财税〔2018〕135号等文件规定免征印花税尚不明确；如果不能享受相应的税收优惠政策，在按照产权转移书据缴纳印花税时，其计税依据如何确定应当予以明确。

8.3 对回迁房和农民安居工程税收处理的建议

基于目前农村集体土地所有权、农村集体经济组织及其所属企业的内在关系和财务管理的现实状况，建议对农村集体经济组织及其所属企业参与回迁房和农民安居工程开发建设进行深入系统研究，并就以下问题予以明确和规范：

第一，综合平衡货币回购方式与产权置换方式的税收负担，尤其是对“开发商并不支付拆迁补偿款，或仅支付很少一部分拆迁补偿款，但允许回迁户以较为优惠价格购买新房”这一较为普遍模式，建议明确新房的视同销售额的确定方法，并将其增值税、企业所得税与土地增值税三者的应税销售额统一起来，以降低纳税人的纳税遵从成本。

第二，建议明确产权置换方式下的增值税进项税额抵扣政策及征管要求，或差额纳税抵减额的计算方法和征管要求，以降低税收对经济活动的扭曲效应，提高回迁安置和农民安居工程实施主体的积极性。

第三，建议统一各地回迁安置和农民安居工程实施主体土地增值税清算单位和清算项目的确定标准；在农村集体经济产权制度尚未全面完成、农村集体经济组织及其所属企业财务管理水平不高、成本费用边界尚待完全厘清的特定历史时期，给予土地增值税和企业所得税的减免税优惠政策；进一步明确项目实施主体承担的“红线”外社会性、公益性设施或补偿支出的税前扣除标准，以降低农村集体经济组织及其所属企业的税收负担，助力乡村振兴和提高农民福祉。

第四，建议明确回迁安置和农民安居工程项目实施主体是否可以参照财税〔2013〕101 号或财税〔2018〕135 号等文件规定免征契税和印花税。如果不能享受相应的税收优惠政策，建议明确其计税依据。

第 9 章 农村集体经济组织及其所属企业间资金占用的税收问题及建议

随着农村集体经济规模的不断壮大和乡（镇）级（甚至是区级[①]）统筹的不断推进，同一行政区域内农村集体组织及其所属企业之间的业务往来越来越频繁，农村集体经济组织及其所属企业之间的资金占用规模越来越大、频次也越来越多，方式也越来越复杂。

9.1 农村集体经济组织及其所属企业资金占用的特点

1. 占用资金的利率和时间难以确定

由于农村集体经济组织承担着本行政区域（社区）内全体

① 如北京市大兴区为促进农村经营性集体建设用地入市交易，在成立镇级联营公司的基础上，还与相关单位联合成立了区级联营公司，用于平衡全区各镇之间的经营性集体建设用地入市交易资金。

社员的基本保障职能和社会公益职能，当财政转移支付不足或出现资金短缺时，往往通过向本行政区域（社区）内的其他农村集体经济组织或集体企业借用资金的方式，或通过乡（镇）政府提供资金加以解决，但这类占用资金与短期周转资金不同，往往没有借款利率约定，也没有明确的偿还期限安排。

2. 资金占用形式复杂且具有明显的社区性

农村集体经济组织及其所属企业之间资金占用往往表现为村集体经济组织与乡集体经济组织之间的资金占用、村集体经济组织与村集体企业之间的资金占用、乡集体经济组织与乡集体企业之间的资金占用；在乡（镇）级统筹地区，往往还存在村级企业与乡（镇）级企业之间的资金占用、村级集体经济组织与乡（镇）级企业之间的资金占用、乡（镇）级企业与村级企业之间的资金占用等各种形式的资金占用，但其一般都属于同乡（镇）行政区域或同一社区。

3. 占用资金的来源复杂且行为性质划分困难

农村集体经济组织的收入来源多样，既有国家给予的各类支农资金、各项补助款、各类补偿款，又有拆迁补偿收入、经营收入、捐赠款项收入等。即便是财政补助资金，由于部门专项资金的管理模式不同，有的由国库直接拨付给村级组织，有的先拨付给乡（镇）财政后再由乡（镇）财政拨付给集体经济组织，有的直接拨付给集体企业，有的先拨付给乡（镇）财政后再由乡（镇）财政拨付给企业。由于各地对农村集体经济组织的资金管理力度不同以及方方面面的原因，有的款项在乡（镇）下拨时明确了资金用途，有的款项在乡（镇）下拨时没有明确资金用途，再加上农村集体经济组织及其所属企业的财务管理能力参差不齐，在多种因素叠加下，再通过一段较长时间的积聚后，这些占用资金很难明确划分哪些是应确认的收入，哪些是占用的专项资金，哪些是占用的补偿款，哪些是借入的短期资金，更难明确地按照税法规定，划分为“统借统还①”行为或是“自有资金拆借②”行为。

9.2 目前关于企业资金占用的税收规定

1. 关于流转税金及附加

（1）统借统还业务的处理。为鼓励企业集团化发展和“资金池”业务，《财政部 国家税务总局关于非金融机构统借统还

① 《财政部 国家税务总局关于全面推开营业税改征增值税试点的通知》（财税〔2016〕36号）定义的统借统还业务，是指企业集团或者企业集团中的核心企业向金融机构借款或对外发行债券取得资金后，将所借资金分拨给下属单位（包括独立核算单位和非独立核算单位，下同），并向下属单位收取用于归还金融机构或债券购买方本息的业务；或企业集团向金融机构借款或对外发行债券取得资金后，由集团所属财务公司与企业集团或者集团内下属单位签订统借统还贷款合同并分拨资金，并向企业集团或者集团内下属单位收取本息，再转付企业集团，由企业集团统一归还金融机构或债券购买方的业务。

② 自有资金拆借是指将自有资金通过委托贷款、资金池等形式拆借给集团内其他企业使用，并收取相应的利息或无偿拆借。

业务征收营业税问题的通知》（财税字〔2000〕7号）、《国家税务总局关于贷款业务征收营业税问题的通知》（国税发〔2002〕13号）和《国家税务总局关于明确若干营业税问题的公告》（国家税务总局公告2015年第92号）明确，企业集团或企业集团中的核心企业以借款或发行债券形式取得资金后，直接或委托企业集团所属财务公司开展统借统还业务时，按不高于债券票面利率水平向企业集团或集团内下属单位收取的利息，不征收营业税。但应当注意的是，“统借统还”有严格的资金借入、分拨使用、利息收取、利息偿还等管理程序和流程要求，且在当时环境下，企业集团还有着较为严格的要求，必须核准登记。

随着2016年全面营业税改征增值税，《营业税改征增值税试点实施办法》（财税〔2016〕36号）对“统借统还业务”的处理为：企业集团或企业集团中的核心企业以及集团所属财务公司按不高于支付给金融机构的借款利率水平或者支付的债券票面利率水平，向企业集团或者集团内下属单位收取的利息，免征增值税；统借方向资金使用单位收取的利息，高于支付给金融机构借款利率水平或者支付的债券票面利率水平的，应全额缴纳增值税；随后，《财政部 税务总局关于明确养老机构免征增值税等政策的通知》（财税〔2019〕20号）明确，自2019年2月1日至2020年12月31日，对企业集团内单位（含企业集团）之间的资金无偿借贷行为，免征增值税。《国务院关于取消一批行政许可等事项的决定》（国发〔2018〕28号）规定，取消企业集团核准登记。《国家市场监督管理总局关于做好取消企业集团核准登记等4项行政许可等事项衔接工作的通知》（国市监企注〔2018〕139号）取消《企业集团登记证》核发，强化企业信息公示。取消企业集团核准登记后，企业不需要再办理企业集团核准登记和申请《企业集团登记证》。

（2）自有资金拆借。早在1993年，《中华人民共和国营业税暂行条例实施细则》（财政部 国家税务总局第52号令）第三条就明确，有偿提供条例规定的劳务、转让无形资产或者不动产所有权的行为才缴纳营业税，无偿则不交营业税。其后，《国家税务总局关于印发〈营业税问题解答（之一）〉的通知》（国税函发〔1995〕156号）明确，对企业与企业之间借用周转金而收取资金占用费，行政机关或企业主管部门将资金提供给所属单位或企业而收取资金占用费，农村合作基金会将资金提供给农民而收取资金占用费等，无论金融机构还是其他单位，只要是发生将资金贷与他人使用的行为，均应视为发生贷款行为，按“金融保险业”税目征收营业税。

对于自有资金拆借不收取利息的，《税收征管法实施细则》第五十四条第二款明确，融通资金所支付或者收取的利息超过或者低于没有关联关系的企业之间所能同意的数额，或者利率超过或者低于同类业务的正常利率的，税务机关可以调整其应纳税额。《营业税改征增值税试点实施办法》（财税〔2016〕36号）第十四条明确，单位或者个体工商户向其他单位或者个人无偿提供服务、单位或者个人向其他单位或者个人无偿转让无形资产或者不动产的情形，应视同销售服务、无形资产或者不动产，但用于公益事业或者以社会公众为对象的除外。2017 年 12 月 29 日，北京市国家税局货物和劳务税处颁发的《关于全面推行营业税改征增值税试点部分政策及管理问题的指导意见（八）》中第十条规定，总、分公司及母、子公司之间无偿使用资金或者无偿使用不动产的行为，不属于《营业税改征增值税试点实施办法》（财税〔2016〕36 号）第十四条第（一）项规定的无偿提供服务，不缴纳增值税。

综上，税务机关对企业集团、总分公司和母子公司之间无偿使用资金或者无偿使用不动产，是否征收增值税是比较明确的。但集体经济组织之间的关系是以行政区划为主导，在产权制度改革尚未完成，产权关系尚待理顺，即尚未形成母、子公司或集团化管理之前，同一行政区域内无投资关系的集体经济组织之间、无投资关系的集体企业之间的资金占用，是存在较大税收风险的。当然如果涉及收取利息，则依据财税〔2016〕36 号文件的规定，应当按照提供“贷款服务”所适用的税目税率计算缴纳增值税，以及相关的城建税金及附加。

2. 关于企业所得税

(1) 对于利息收入(成本)的确认

对于利息收入(成本)的确认问题,根据《企业所得税法》第六条规定,利息收入属于企业所得税法规定的“收入总额”的范畴;取得利息收入应并入当期的应纳税所得额计算缴纳企业所得税税款。《企业所得税法》第四十一条规定,企业与其关联方之间的业务往来,不符合独立交易原则而减少企业或者其关联方应纳税收入或者所得额的,税务机关有权按照合理方法调整。企业与其关联方共同开发、受让无形资产,或者共同提供、接受劳务发生的成本,在计算应纳税所得额时应当按照独立交易原则进行分摊;如果纳税人与税务机关双方就利息收入(成本)可能存在不同看法的,《企业所得税法》第四十二条明确,企业可以向税务机关提出与其关联方之间业务往来的定价原则和计算方法,税务机关与企业协商、确认后,达成预约定价安排;如果有明确且正当的理由可以不收取利息收入(成本)的,因未取得利息收入(成本),当然也就不影响当期的应纳税所得额,不会影响企业所得税的缴纳。

(2) 关于利息支出企业所得税前扣除的特别规定

尽管《企业所得税法实施条例》第三十八条规定,企业在生产经营活动中,非金融企业向非金融企业借款的利息支出,不超过按照金融企业同期同类贷款利率计算的数额的部分，准予扣除；《国家税务总局关于企业所得税若干问题的公告》（国家税务总局公告 2011 年第 34 号）进一步明确，企业在按照合同要求首次支付利息并进行税前扣除时，应提供“金融企业的同期同类贷款利率情况说明”，在说明中，应包括在签订该借款合同当时，本省任何一家金融企业提供的同期同类贷款利率情况。该金融企业应为经政府有关部门批准成立的可以从事贷款业务的企业，包括银行、财务公司、信托公司等金融机构。“同期同类贷款利率”是指在贷款期限、贷款金额、贷款担保以及企业信誉等条件基本相同的情况下，金融企业提供贷款的利率。这个利率，既可以是金融企业公布的同期同类平均利率，也可以是金融企业对某些企业提供的实际贷款利率。

《国家税务总局关于企业投资者投资未到位而发生的利息支出企业所得税前扣除问题的批复》（国税函〔2009〕312 号）规定，凡企业投资者在规定期限内未缴足其应缴资本额的，该企业对外借款所发生的利息，相当于投资者实缴资本额与在规定期限内应缴资本的差额应计付的利息，不得在计算企业应纳税所得额时扣除。

《企业所得税法》第四十六条及《企业所得税法实施条例》第一百一十九条规定，企业从其关联方接受的债权性投资与权益性投资的比例超过规定标准而发生的利息支出，不得在计算应纳税所得额时扣除。《财政部 国家税务总局关于企业关联方利息支出税前扣除标准有关税收政策问题的通知》（财税〔2008〕121 号）进一步明确，企业实际支付给关联方的利息支出，不超过以下规定比例和税法及其实施条例有关规定计算的部分，准予扣除，超过的部分不得在发生当期和以后年度扣除。企业实际支付给关联方的利息支出，其接受关联方债权性投资与其权益性投资比例为金融企业 5∶1；其他企业 2∶1。且必须附合法有效的凭证。

9.3 对农村集体经济组织及其所属企业间资金占用税收处理的建议

为促进农村集体经济组织资源整合和集中力量发展本社区经济，提高集体经济资产运行效率，建议：

第一，必须严格划分各类占用资金的性质。农村集体经济组织及其所属企业应当严格划分财政拨付的各类专项资金、财政补助资金、代收代付的各类补偿资金、集体经济组织之间垫付农民基本生活保障资金，以及集体企业之间的拆借资金、暂收的各项收入等资金性质，并根据财务会计制度规定，对暂收的各项收入和补偿款应按规定确认收入并计算缴纳税款。

第二，对农村集体经济组织及其所属企业之间无偿相互占用资金，视同集团内部企业之间的资金占用，免征增值税。

第三，对核心集体经济组织或企业（统借方）借入资金后，将资金交付给同一社区的其他集体经济组织或企业（资金使用单位）使用，核心集体经济组织或企业（统借方）按不高于支付给金融机构的借款利率水平，向本社区内集体经济组织或企业（资金使用单位）收取的利息，免征增值税；统借方向资金使用单位收取的利息，高于支付给金融机构借款利率水平或者支付的债券票面利率水平的，全额计算缴纳增值税。

第四，对集体经济组织或企业（统借方）之间计息自有资金拆借，由利息收取方按财税〔2016〕36 号文件规定的“贷款服务”所适用的税目税率计算缴纳增值税以及相关的城建税金及附加。

第五，对集体经济组织及其所属企业之间无偿占用资金行为，不视同销售，不征收企业所得税；对于集体经济组织及其所属企业之间有偿借贷资金行为，凡能够取得合法票据的，允许其税前全额扣除。不受财税〔2008〕121 号、国税函〔2009〕312 号以及国家税务总局公告 2011 年第 34 号等文件相关规定的限制。

第10章　农村集体经济组织及其所属企业间利润分配的税收问题及建议

我国农村集体经济组织是农村地区基层政治的基础，农村集体经济组织及其所属企业是农村集体经济发展的基本保障。农村集体经济是国民经济在广大农村地区的“肢端动脉”，有着其特殊的地位，它对于农村地区发展生产、增加出口、方便生活、扩大就业、提供积累、保持社会稳定等方面都起着非常重要的作用。从当前现实情况来看，农村集体经济组织成员的收入来源，尤其是基层农民收入来源，在很大程度上依赖于农村集体经济组织所分配的利润。如何解决农村集体经济组织及其所属企业的利润分配，不仅关系到农村集体经济的长远发展，更关系到集体经济组织成员福祉的提高，甚至关系到农村地区的社会稳定。

10.1　目前农村集体经济组织与所属企业利润分配的表现形式

尽管《公司法》对企业的利润分配提出了明确要求，相关制度对集体经济组织的利润分配也做了相关规定，但我国农村集体经济是乡（镇）、村、组三级所有，以组为基本核算单位的三级核算体系。在实际利润分配过程中，由于集体经济组织和集体企业之间的关系不同，集体经济组织与集体企业的管理体制机制不同，其分配方式包括：

1. 由集体经济组织直接分配给本集体经济组织成员。

2. 由所投资的集体企业分配给集体经济组织，再由集体经济组织分配给本集体经济组织成员。

3. 从本社区的农村集体企业（包括具有和不具有投资关系）分配给具有行政管理关系的集体经济组织，再由集体经济组织分配给本集体经济组织成员。

4. 乡（镇）农村集体企业将利润分配给乡（镇）级集体经济组织，乡（镇）级集体经济组织再将利润分配给村（组）级集体经济组织，由村（组）级集体经济组织分配给本集体经济组织成员。

5. 村属集体企业将利润分配给村级集体经济组织，村级集体经济组织再将利润分配给乡（镇）级集体经济组织，由乡

（镇）级集体经济组织分配给本集体经济组织成员[①]。

6. 基于农村集体经济组织长期无法以利润分配方式进行分配，而是将本集体经济组织成员的基本生活费、日常福利费，以及应由农村集体经济负担的原农村集体经济组织或所属企业的离退休人员费用、尚未转居的离退休干部工资等，在农村集体经济组织或所属企业中列支。

其中，第 3、第 4、第 5 种情形均是在农村集体经济产权制度改革尚未进行或产权制度改革不彻底等特定时期客观存在分配方式。

10.2　集体经济组织利润分配中存在的税收问题

1. 前述第 1 种利润分配情形，是最基本也是最为广泛的利润分配方式。从企业所得税的层面上看，农村集体经济组织的应税所得在按规定计算缴纳企业所得税后，再进行分配是没有问题的。但从个人所得税角度来看，农村集体经济组织分配利润时，存在两种情况：一种是分配给已经取得工资薪金所得的农村集体经济组织成员利润，这部分利润相当于财产性所得，理应按股息、红利所得计算个人所得税；另一种是分配给未能取得工资薪金所得的集体经济组织成员利润，这部分利润实际

① 这主要是早期产权制度改革中，在全乡（镇）统筹后构建的逆向投资架构所形成的逆向分配关系。

上是该集体经济组织成员（尤其是失地农民）赖以生存的基本生活保障，如果也按照股息、红利所得计算缴纳个人所得税，则明显有违税收公平原则，也不利于农村集体经济组织成员福祉的增加。

2. 前述第 2、第 3 种利润分配情形，是农村集体经济比较发达地区利润分配的基本方式。即在同一社区内不仅有农村集体经济组织，还包括一定数量的农村集体所有制体企业。在这种分配模式下，如果进行利润分配的集体企业是该农村集体经济组织的被投资单位，则由于集体企业生产经营形成的税后利润再分配给农村集体经济组织，符合《企业所得税法》及其实施条例关于“符合条件的居民企业之间的股息、红利等权益性投资收益为免税收入”的规定，从而可以避免重复交税。但如果进行利润分配的集体企业不是该农村集体经济组织的被投资单位，而仅仅是根据行政区域隶属关系而进行的利润归集，则集体企业分配给集体经济组织的税后利润，不符合《企业所得税法实施条例》明确的“符合条件的居民企业之间的股息、红利等权益性投资收益，是指居民企业直接投资于其他居民企业取得的投资收益”的规定，从而不符合免税收入的条件，存在着重复纳税的问题。

3. 前述第 4、第 5 种利润分配情形是实行“乡（镇）级统筹”管理模式下的分配模式，只是第 4 种情形是“乡（镇）级统筹、村级分配”模式，而第5种情形是“乡（镇）级统筹、乡（镇）级分配”。在这类模式下，由于农村集体经济组织与集体企业之间有的存在直接投资关系，有的不存在直接投资关系，但由于均属于同一行政区域，按照行政隶属关系必须统筹分配给农村集体经济组织并在整个行政区域内对农村集体经济组织成员进行统一分配，从而导致既有符合免税条件的利润分配情况，又存在不符合免税条件的利润分配情形。因此，农村集体经济组织利润分配时，存在着重复纳税的问题。

4. 前述第6种情形往往是为了解决农村地区历史遗留问题，或农民基本生活保障而不得不做出的权宜之举。尽管这是在财政转移支付力度不够，或农村集体经济组织不能形成可供分配利润，或尚未完成“整建制转居转工”的特定历史时期，为解决农民基本生活保障、维护地区稳定的必须之举，但从《企业所得税法》的相关规定来看，《企业所得税法》明确规定，只有与企业生产经营活动有关的合理支出，才允许税前扣除；而与企业生产经营活动无关的支出，不允许税前扣除。而该等支出更多的是社会性、公益性支出，与企业生产经营活动并无直接关联，是否可以判定为“与企业生产经营活动有关的合理支出”得以在企业所得税税前扣除，各地主管税务机关判断标准尚不统一。

10.3　对农村集体经济组织与所属企业间利润分配税收处理的建议

尽管集体经济组织与集体企业同为中国居民纳税人，但由于早期集体经济组织及所属企业的成立较多考虑农村集体经济的社区性而较少关注可能存在的税收管理风险，集体经济组织之间、集体经济组织与所属企业之间、企业与企业之间的产权关系尚未理顺，还未完全形成“直接投资于其他居民企业”的股权关系。当乡（镇）集体经济组织将利润交给村股份经济合作社分配给社员（或集体经济组织成员）时，存在向非投资企业收取红利或逆向收取红利而不符合免税优惠政策的问题，从而给集体经济组织及其所属企业带来税收管理风险；同时，个人所得税改革时也并未充分关注“失地农民”这一特定群体的税收征管问题，因此建议：

第一，在一定时期内，给予同一社区（乡镇）内集体经济组织及所属企业之间的利润分配，视同于“符合条件的居民企业之间的股息、红利等权益性投资收益”的税收政策，将集体经济组织从同一社区（乡镇）的其他集体企业或其他集体经济组织分回股息红利，作为免税收入，以避免因尚未进行产权制度改革或因产权制度改革不完善而导致的重复纳税问题。

第二，明确集体经济组织所负担的集体经济组织成员的基本生活费、日常集体福利费，以及应由集体经济负担的原集体经济组织或所属企业的离退休人员费用等社会保障性、福利性、公益性支出，以及村民民主自治过程中发生的劳保性、公益性支出，允许在企业所得税税前扣除，以降低集体经济组织和集体企业纳税遵从成本。

第三，进一步完善个人所得税税制改革，在提高减征额、降低名义税率的同时，将股息、红利等财产性收入并入综合所得，解决较低收入阶层（尤其是失地农民）从不同渠道取得所得的个人所得税税负不平衡的问题。并随着征管和配套条件的不断成熟，进一步由“综合与分类相结合”的税制向“综合征收”推进；逐步改变目前劳动所得的税负相对较重、财产性所得的税负相对较轻的情况，降低税收制度对社会和经济发展的扭曲作用。

第11章　农村集体经营性建设用地入市交易的税收问题及建议

早在1992年，广东南海等地就在土地股份合作制的框架下开启了集体经济组织在不改变土地所有权的前提下直接向外来企业出租集体土地或厂房的探索。2008年，党的十七届三中全会提出要“逐步建立城乡统一的建设用地市场，对依法取得的农村集体经营性建设用地，必须通过统一有形的土地市场、以公开规范的方式转让土地使用权，在符合规划的前提下与国有土地享有平等权益”。2013年11月12日，党的第十八届中央委员会第三次全体会议通过的《中共中央关于全面深化改革若干重大问题的决定》提出了“建立城乡统一的建设用地市场。在符合规划和用途管制前提下，允许农村集体经营性建设用地出让、租赁、入股，实行与国有土地同等入市、同权同价”。2014年12月中共中央办公厅、国务院办公厅联合印发了《关于农村土地征收、集体经营性建设用地入市、宅基地制度改革试点工作的意见》。2015 年 2 月，全国人大常委会又授权国务院在全国 33 个试点县市调整实施有关法律开展包括集体经营性建设用地入市在内的“三块地”改革的试点。经过四年多的试点探索，2019 年 8 月 26 日，十三届全国人大常委会第十二次会议审议通过《土地管理法》修正案，正式将农村集体经营性建设用地入市写入了法律。

农村集体经营性建设用地入市交易是发展要素市场，建立城乡统一、开放、竞争有序的土地市场的必要条件；是加快经济发展方式转变，发挥市场在土地资源配置中基础作用的需要；也是为盘活农村资源性资产、增加农民收入、促进农村与城市协调发展的重要手段。

11.1 集体经营性建设用地入市交易税费现状

1. 农村集体经营性建设用地土地流转的概况

自 2015 年 3 月，试点工作正式展开。经过多年的探索实践，全国各地农村集体经营性建设用地入市取得积极进展。试点地区政府部门根据本地实际情况，适时出台了农村集体经营性建设用地流转的规范性文件，明确了入市土地的流转范围、操作主体、流转方式、收益分配、权能完善等重要内容，为进一步深化改革奠定了良好基础。如北京市大兴区立足首都战略定位和发展实际，坚持“镇级统筹”操作模式，通过“政府领导、农民主体、联营联建、收益共享”，在探索可复制、可推广、利修法、惠群众的农村土地制度改革方案上进行了重要尝试；在创新特大城市郊区土地治理机制，构建新型城乡关系方面进行了深入实践。四川省郫县采用“化零为整”的入市模式，推动产业联动连线成片入市，既保护了农村地区原有生态肌理和农民利益、盘活了存量用地，又推动了一、二、三产业联动发展。

2. 农村集体经营性建设用地土地增值收益调节金的收取情况

2016 年 6 月，财政部、国土资源部联合印发《农村集体经营性建设用地土地增值收益调节金征收使用管理暂行办法》（财税〔2016〕41 号）[①]，对农村集体经济组织通过出让、租赁、作价出资（入股）等方式取得农村集体经营性建设用地入市收益，以及入市后的农村集体经营性建设用地土地使用权人，以出售、交换、赠予、出租、作价出资（入股）或其他视同转让等方式取得再转让收益时，向国家缴纳 20%—50% 的土地增值收益调节金。调节金纳入地方一般公共预算管理，由试点县财政部门统筹安排使用；在契税暂无法覆盖农村集体经营性建设用地入

① 《农村集体经营性建设用地土地增值收益调节金征收使用管理暂行办法》（财税〔2016〕41 号）有效期自 2015 年 1 月 1 日至 2017 年 12 月 31 日；《财政部 自然资源部关于继续执行农村集体经营性建设用地土地增值收益调节金有关政策的通知》（财税〔2017〕95 号）将有效期延长至 2018 年 12 月 31 日；《财政部 自然资源部关于延长农村集体经营性建设用地土地增值收益调节金政策期限的通知》（财税〔2019〕27 号）有效期延长至 2020 年 12 月 31 日。

市环节的过渡时期，除该通知所规定的与土地增值收益相对应的调节金外，须再按成交价款的3%—5%征收与契税相当的调节金。在实践中，部分地区结合自身经济发展水平和财政资金状况进行适当调整和创新。如北京市大兴区作为北京市的试点地区，结合当地开发强度大、拆腾成本高、农民收益保障诉求强、入市收益关联因素多等情况，按照与当地土地征收补偿安置标准相衔接的要求，确定征收土地增值收益调节金的比例为土地交易额的8%—18%来区别设置（不含企业缴纳的3%相当于契税部分）；四川省郫县将土地收益调节金按13%—40%的比例区别设置；江苏省常州市将土地收益调节金按15%—30%的比例区别设置。

3. 农村集体经营性建设用地收益的管理与分配情况

财税〔2016〕41号文件要求，将调节金上缴试点县地方国库纳入地方一般公共预算管理；具体缴库办法按照省级财政部门非税收入收缴管理有关规定执行。试点地区对农村集体经营性建设用地入市资金的使用管理比较严格，一般要求将取得的流转收入专户存储、专款专用。如北京市大兴区由镇经管部门进行“账款双托管”，浙江省湖州市为乡镇集体和村集体设立了土地资金专户。在农村集体经营性建设用地入市收益分配上，绝大部分用于集体经济组织成员社会保障和集体公共资源配套，少部分分配给集体经济组织成员。四川省郫县遵循“二八开”基准原则，即 20% 的土地收益按股东人数进行现金分配，80% 的土地收益作为集体公积金和公益金（其中 50% 作为集体资产管理公司公积金，用作村级资产再投资于公共资源优化配套，并在公司股权中量化到股东，30% 作为公益金用于村级公共福利）。广东省中山市规定流转收益的 50% 用于村民的社会保障，30% 分配给村民，10% 用于发展集体经济，10% 用于集体经济组织公益设施和基础设施建设。河南省长垣县要求村组集体所获得的入市收益，原则上全部用于公共基础事业支出，若需分配到群众手中，原则上不得超过入市地块所在区域的征地补偿标准，多余部分留归村组集体使用。

4. 农村集体经营性建设用地入市交易的税收征管现状

由于农村集体经营性建设用地与国有建设用地有着不同的土地所有制性质，在相关的法律法规尚未明确规定的前提下，暂不能完全按照国有建设用地对待。且基于农村集体经营性建设用地入市交易已经缴纳了土地增值收益调节金，试点地区一般采取了比较宽松的做法。大致分为以下三种情况：

第一种情况，是明确农村集体经营性建设用地土地使用权税收政策参照国有土地出让、转让税收政策执行，如广东省税务局在《广东省“三旧”改造税收指引（2019）年版》（粤税发〔2019〕188号）中对集体建设用地增值税、土地增值税、契税、企业所得税、个人所得税等都做出了相应规定。

第二种情况，是对农村集体经营性建设用地土地出让环节（首次流转）暂不征税，在再次流转环节要求参照国有土地转让征收税款，如江苏省。

第三种情况，是税务机关对税费的征管尚未做出明确规定，处于模糊地带。

11.2 农村集体经营性建设用地入市交易税费体系构建应当关注的问题

在新中国成立后的很长一段时间里，大量要素流向城市并推动了城市的快速发展，土地收益也不例外，从农用地到非农用地的巨大增值收益也基本上是从农村流向城市，并导致城乡发展失衡。农村集体经营性建设用地入市交易，为将大部分土地增值收益留在农村提供了条件，从而促进城乡均衡发展。但农村集体经营性建设用地的入市交易，也同样给地方政府带来了巨大的挑战，农村集体经营性建设用地入市交易税费体系构建应当考虑：

第一，财政分配问题。农村土地制度改革的目标是构建统一的建设用地市场，实现集体建设用地与国有建设用地“同地、同权、同价”，因而必然要求农村集体经营性建设用地入市履行与国有建设用地同等义务，承担相应的基础设施建设、民生保障等社会责任，并在考虑其可能对国有建设用地入市交易的影响给当地财政收入所带来冲击的前提下，按照一定比例以土地收益调节金或以税费的方式上缴财政。

第二，分配失衡问题。必须处理好地方政府、农村集体经济组织、农民个人等多方的利益关系；必须处理好城市近郊与远郊或偏远农村等不同区域之间的利益关系；必须处理好农民短期收益与长远发展之间的利益关系。否则，不仅会造成农民间的财富巨大不平衡，还可能促使食利阶层的形成，并引发一系列社会问题。因此，必须通过合理的税费安排以调节收益分配，保障社会公平与正义。

第三，主体确认问题。农村集体经营性建设用地作为农村集体经济组织主要资源性资产，具有独特的地域性和分散性，不同地域的土地价值差距很大。为提高综合交易价格，在农村集体经营性建设用地入市过程中，往往会采用“区域统筹”“化零为整”“成片入市”等综合统筹模式，从而打破了单一集体经济组织主体土地所有权和资金使用权的限制。

第四，成本构成问题。农村集体经营性建设用地作为农村集体经济组织重要的资源性资产，是农民长期收益的重要保障，农村集体经营性建设用地不仅要考虑土地所有者眼前利益的获得，还要考虑未来长期稳定收益的保障，不同地区农村集体经营性建设用地入市方式、途径、形态、用途等差异很大，成本构成和级差收益千差万别。因此，必须综合考虑不同情形下，农村集体经营性建设用地的成本构成情况，并据以构建土地增值税和企业所得税税收征管体系。

11.3　对农村集体经营性建设用地入市交易税收处理的建议

1. 明确农村集体经营性建设用地入市交易的增值税问题

土地使用权出让是指国家或集体经济组织以土地所有者的身份将土地使用权在一定年限内让予土地使用者；土地使用权转让是指土地使用者将土地使用权再转让的行为，包括出售、交换和赠予。农村集体经营性建设用地入市交易与城镇国有土地入市交易一样，也可以分为土地使用权出让环节和土地使用权转让环节，所不同的是，城镇国有土地使用权出让环节的出让主体是政府的土地管理部门，而农村集体经营性建设用地使用权的出让主体是在政府主导下的农村集体经济组织或由农村集体经济组织投资形成的集体所有制企业，其本身是市场主体。城镇国有土地使用权与农村集体经营性建设用地使用权的转让环节一般都是在市场主体之间，但一旦农村集体经营性建设用地使用权的出让主体对土地自行开发并形成产品对外销售时，其出让环节和转让环节就“合二为一”了。因此，农村集体经营性建设用地的出让环节与转让环节的交易价格确定就变得更加复杂。

（1）出让环节的增值税问题

目前《营业税改征增值税试点过渡政策的规定》（财税〔2016〕36 号附件三）明确规定，土地所有者出让土地使用权和土地使用者将土地使用权归还给土地所有者免征增值税。而该免税规定是基于目前国有土地在出让时已经向政府土地管理部门按规定缴纳了土地出让金，农村集体经营性建设用地入市交易时也按照《财政部 自然资源部关于延长农村集体经营性建设用地土地增值收益调节金政策期限的通知》（财税〔2019〕27 号）的规定缴纳了土地增值收益调节金为前提的。而新修订的《增值税法（征求意见稿）》将集体所有制土地的出让与转让均纳入了增值税的应税范围。随着财税〔2019〕27 号文件于 2020 年 12 月 31 日执行到期，后续农村集体经营性建设用地入市交易是继续延长执行土地增值收益调节金政策期限，还是贯彻《增值税法（征求意见稿》的精神，亟待新的税收政策予以明确。

基于农村集体经营性建设用地入市交易所获取的资金主要用于本地区农民安置和促进当地经济的发展，在“优先发展农业农村，全面推进乡村振兴”的特定历史阶段，在目前财政资金对农村地区转移支付不足的情况下，建议对农村集体经营性建设用地入市交易的出让环节，仍按财税〔2016〕36 号文件精神暂免征收增值税。

（2）转让环节的增值税问题

根据财税〔2016〕36号和财税〔2016〕47号文件的规定，一般纳税人转让2016年4月30日前取得的土地使用权，可选择适用一般计税方法，也可以选择适用5%的征收率差额征税。但转让2016年5月1日后取得的土地使用权，则必须采用一般计税方法。而根据国家税务总局公告2016年第18号的规定，房地产开发企业中的一般纳税人销售自行开发的房地产项目适用一般计税方法计税，按照取得的全部价款和价外费用，扣除当期销售房地产项目对应的土地价款后的余额计算销售额。一般纳税人只有销售自行开发的符合规定的房地产老项目[①]，才可以选择适用简易计税方法按照5%的征收率计税。

而对于小规模纳税人，在转让2016年4月30日前取得的土地使用权时，可以选择按3%的征收率全额计税，也可以选择按财税〔2016〕47号文件的规定采用5%的征收率差额计税。但转让2016年5月1日后取得的土地使用权，根据《营业税改征增值税试点实施办法》（财税〔2016〕36号）第十六条规定，适用3%的征收率以全部价款和价外费用额计税。

对于不同市场主体之间的土地使用权转让时，无论是全额

① 房地产老项目，是指《建筑工程施工许可证》注明的合同开工日期在2016年4月30日前的房地产项目，或《建筑工程施工许可证》未注明合同开工日期或者未取得《建筑工程施工许可证》，但建筑工程承包合同注明的开工日期在2016年4月30日前的建筑工程项目。

纳税还是差额纳税，其交易价格和允许扣除的“差额”或“对应的土地价款”，可以直接根据交易主体开具的票据来确定。但对于农村集体经营性建设用地交易主体利用农村集体经营性建设用地自行开发建设的，由于受让土地使用权的主体即自己，在选择“适用 5% 的征收率差额征税”或“按照取得的全部价款和价外费用，扣除当期销售房地产项目对应的土地价款后的余额计算销售额”时，如何确定允许扣除的“差额”或“对应的土地价款”则成为问题的核心和难点。

因此，如果要对农村集体经营性建设用地使用权转让征收增值税，就必须明确农村集体经营性建设用地交易主体利用农村集体经营性建设用地自行开发建设情形下的“对应的土地价款”的确定方法。否则，在实际税收征管过程中将会因为缺乏明确规定而无法落实到位。因此，建议对于农村集体经营性建设用地交易主体利用农村集体经营性建设用地自行开发建设并对外转让的，按简易征税办法以 3% 的征收率全额征税。

2. 明确农村集体经营性建设用地入市交易的土地增值税问题

现行《土地增值税暂行条例》只明确将转让国有土地使用权纳入土地增值税征税范围，尚未将出让或转让集体土地使用权纳入征税范围。对出让或转让农村集体经营性建设用地的土地使用权征收土地增值税没有相应的依据。因此，目前农村集体经营性建设用地的土地使用权出让或转让不属于土地增值税的应税范围，不应缴纳土地增值税。

但应当注意的是，新修订的《土地增值税法（征求意见稿)》将集体经营性建设用地的土地使用权出让和转让均纳入了土地增值税的征收范围。

（1）出让环节的土地增值税问题

《土地增值税法（征求意见稿)》第二条第二款将“出让集体土地使用权、地上的建筑物及其附着物，或以集体土地使用权、地上的建筑物及其附着物作价出资、入股”全部纳入征税范围，且第十二条明确仅对“房地产市场较不发达、地价水平较低地区的纳税人出让集体土地使用权”可以减免土地增值税，并将权力下放给了省、自治区、直辖市人民政府。在目前财政资金转移支付明显不足，集体经济尚承担一部分社会基层政治职能和本社区公共服务的特定历史时期，为促进农村集体经济发展、增强农村集体经济实力，建议对农村集体经营性建设用地出让环节收入免征土地增值税。

（2）转让环节的土地增值税问题

由于土地增值税是以土地转让的增值额作为计税基础，对农村集体经营性建设用地转让过程中允许扣除项目具体范围的确定，尤其是农村集体经营性建设用地交易主体利用集体经营性建设用地自行开发建设情形下的“取得土地成本”的确定尤其关键。

从目前各地所采用的“区域统筹”“化零为整”“成片入市”方式来看，利用农村集体经营性建设用地开发的交易主体与一般房地产开发企业的成本构成存在明显区别：

一是在农村集体经营性建设用地开发过程中，由于作为集体经济组织成员基本保障的“保既得”等动态支出必须长期客观存在，且该等长期综合动态支付的集体和成员收益，不能和开发项目及其开发主体（即计税主体）形成一一对应的成本关系，也无法一次性在农村集体经营性建设用地开发转让时一次性准确估计计入成本。

二是在现行税收征管体系中，取得合法有效的扣除凭证是计算增值率的前提，而目前农村现实财务管理条件和具体经济活动运行现实，决定了农村集体经营性建设用地开发过程中所发生的综合性“保既得”费用、临时性费用、补偿性费用等，都很难取得完善的票据支撑以满足税法的确定性原则要求。

三是农村集体经济组织所担负的基层政治职能和社会公共事务在不同时期有着不同的要求，其成本支出无法在开发项目转让时准确计入开发成本。

而《土地增值税法（征求意见稿)》第十条也明确，可以采用比例税率。因此，建议对农村集体经营性建设用地开发转让环节采用优惠的比例税率，而不是超率累进税率。

3. 明确农村集体经营性建设用地入市交易的企业所得税问题

(1) 出让环节的企业所得税问题

目前，城镇国有土地使用权的出让是依据《城镇国有土地使用权出让和转让暂行条例》执行，其出让收益以土地出让金的方式收归国有，不涉及企业所得税。而农村集体经营性建设用地的交易主体作为集体土地的拥有方，将土地出让资金直接用于农村集体经济组织的“保既得”和社会公共服务和公益事业，其发挥着保障农民基本利益和地区稳定、地区社会事务和公益活动的特殊作用。按照根据税收的公平原则，建议在财税〔2019〕27 号文件到期后，暂免征收企业所得税。

(2) 转让环节的企业所得税问题

在税法上，对于财产所得计税基础的底层逻辑是：在交易中，卖方已经就资产增值的部分进行纳税处理，买方才能以交易价格确认取得资产的计税基础，如果卖方就买卖增值部分未承担纳税义务，则买方对资产的计税基础只能是原来的计税基础，否则纳税链条会发生断裂。与国有土地使用权转让一样，农村集体经营性建设用地在土地使用权经出让后再转让的，其成本构成相对比较简单，即由取得成本和相关税费构成。根据

《企业所得税法》及其实施条例的规定，土地使用权转让收入作为企业收入总额的重要组成部分纳入了企业所得税的应税收入，相应的，与取得土地使用权收入相关的合理支出也允许在企业所得税前扣除。

而对于农村集体经营性建设用地交易主体利用自己拥有的经营性建设用地进行房地产项目开发并转让的，由于其土地使用权缺乏出让环节的交易定价过程，其在计算缴纳企业所得税时所允许税前扣除的成本，对企业所得税税负的影响将会显得非常重要，这种没有经过出让环节的自行开发情况下，成本扣除问题就更加关键。

如何确定允许税前扣除的成本项目，并与土地增值税成本扣除问题相衔接，将直接决定农村集体经济组织对农村集体经营性建设用地的入市方式和入市交易的积极性。因此，建议选择以下方法中的一种：

一是将其视同出让和开发两个环节来处理，对出让环节的成本，可以由税务机关按照同期同地区的相似入市地块出让价格或核定价格允许企业所得税前扣除，对开发环节允许税前扣除的成本支出，在遵循确定性和公平性原则的基础上予以明确。

二是基于前述农村集体经营性建设用地应承担的“保既得”等成本难以估计并与开发主体一一对应、其税前扣除凭证尚不完备、其所担负的社会公共事务和公益性支出无法准确计入成本。根据《征管法》第三十五条和《征管法实施细则》第四十七条，以及《国家税务总局关于印发〈企业所得税核定征收办法（试行）〉的通知》的相关规定，对农村集体经营性建设用地开发收入按照核定利润率征收企业所得税。

4. 明确综合统筹模式下集体经济组织之间土地使用权划转的税收问题

目前，很多地区为提高入市土地的价值和综合平衡区域内集体经济组织成员利益，采用“镇级统筹”“化零为整”“成片入市”的综合统筹模式，农村集体经营性建设用地使用权由“入统”村经各乡（镇）“统筹”入乡（镇）级集体经济组织（或集体企业），有的甚至是由县（区）级集体经济组织（或集体企业）在各乡（镇）级集体经济组织（集体企业）之间进行合理统一调配。从经济实质来看，其本身是行政划拨行为而非市场交易行为，也不产生增值收益，因此不应当视同交易行为。建议明确该等“统筹”行为下的土地使用权划转，免征增值税、土地增值税、企业所得税、印花税和契税等相关税款。

5. 明确集体经济组织之间支付代拆成本的税收问题

在农村集体经营性建设用地入市交易的过程中，由于在拆迁安置的过程中所需求的资金量往往比较大，单一集体经济组织（或集体企业）无法满足资金需求，从而存在区级集体经济组织（或集体企业）向乡（镇）集体经济组织（或集体企业）支付代拆成本，或乡（镇）集体经济组织（或集体企业）向村级集体经济组织支付代拆成本的问题。从其交易本质来看，属于同一行政区域内的集体经济组织为实现统一的收入而形成的内部垫付资金。建议参照集团内部资金使用的相关规定，明确对集体经济组织（或集体企业）之间支付代拆成本免征增值税、企业所得税和印花税。

总之，农村集体经营性建设用地入市交易作为一项全新事物，由于试点地区经济发展水平参差不齐，其运作模式复杂多样，目前尚未形成统一的税收政策体系和征管制度，建议加大研究力度，尽快明确相关税收问题，推进农村集体经营性建设用地入市交易，以促进农村集体的长期稳定发展。

第12章　结　　论

现阶段，由于农村集体经济产权制度改革尚未最终完成，集体经济组织形式呈现多样化的特征、产权关系尚未理顺、管理体制机制尚待完善；在部分地区，作为村民民主自治组织的村民委员会与发展经济的村经济合作社职能尚未完全分离、个别集体企业还代行一部分集体经济组织的管理职能和集体产权权能、财政转移支付还不足以全面覆盖农村地区社会公共服务和公益性支出，农村集体经济组织及其所属企业肩负发展本社区经济和维护本社区社会稳定及政府治理的双层职能。而以营利法人为课税主体的现行税制无法适应现阶段农村集体经济组织的税收征管要求。

笔者明确提出，构建适应农村集体经济组织发展现状的税制体系，应在遵循有助于社会整体价值增长、有助于公平与正义、有助于提高效率、防范税基侵蚀和利润转移等基本原则的基础上，不仅应注意到其作为独立市场主体的一般属性，更应当充分重视其社区经济发展和社员基本保障的独特属性，并以此作为构建农村集体经济组织税制体系的底层逻辑，从而给予其更多制度倾斜和人文关怀，以促进农村地区经济发展和社会稳定。

目前对于农村集体经济组织发展具有重大影响的特定事项，如农村集体经济产权制度改革、农村集体资产清产核资、回迁房和农民安居工程建设、农村集体经营性建设用地入市交易等；以及对农村集体经济组织及其所属企业管理体制和运行机制具有重大影响的事项，如农村集体经济组织及其所属企业之间的资产划转、农村集体经济组织及其所属企业之间的资金占用、农村集体经济组织及其所属企业之间的利润分配等具体的税收问题，均就在现行税收政策体系下如何进一步优化提供了意见和建议，以决策供参考。

附　录

1. 销售商品及应税服务适用征收率的情形

序号	具体业务	征收率及其变化
1	小规模纳税人销售货物、提供修理修配劳务和销售应税服务	3%
2	县级及县级以下小型水力发电单位生产的电力。小型水力发电单位，是指各类投资主体建设的装机容量为5万千瓦以下（含5万千瓦）的小型水力发电单位（财税〔2009〕9号）	原为6%，国家税务总局公告2014年第36号统一调整为3%
3	建筑用和生产建筑材料所用的砂、土、石料	
4	以自己采掘的砂、土、石料或其他矿物连续生产的砖、瓦、石灰（不含黏土实心砖、瓦）（财税〔2009〕9号）	
5	用微生物、微生物代谢产物、动物毒素、人或动物的血液或组织制成的生物制品（财税〔2009〕9号）	
6	自来水、商品混凝土（仅限于以水泥为原料生产的水泥混凝土）（财税〔2009〕9号）	
7	寄售商店代销寄售物品（包括居民个人寄售的物品在内）、典当业销售死当物品（财税〔2009〕9号）	原为4%，国家税务总局公告2014年第36号统一调整为3%
8	经国务院或国务院授权机关批准的免税商店零售的免税品	

续表

序号	具体业务	征收率及其变化
9	小规模纳税人（除其他个人外，下同）销售自己使用过的固定资产（财税〔2009〕9 号）	3%，减按 2% 征收
10	纳税人销售旧货（财税〔2009〕9 号为 4%，国家税务总局公告 2014 年第 36 号调整为 3%）	减按 2% 征收
11	增值税一般纳税人发生按简易办法征收增值税应税行为，销售其按照规定不得抵扣且未抵扣进项税额的固定资产（财税〔2009〕9 号）	原为 4%，减按 2% 征收；国家税务总局公告 2014 年第 36 号调整为 3%，减按 2% 征收
12	纳税人购进或自制固定资产时为小规模纳税人，认定为一般纳税人后销售该固定资产（国家税务总局公告 2012 年第 1 号）	
13	增值税一般纳税人发生按简易办法征收增值税应税行为，销售其按照规定不得抵扣且未抵扣进项税额的固定资产（国家税务总局公告 2012 年第 1 号）	
14	2008 年 12 月 31 日以前未纳入扩大增值税抵扣范围试点的纳税人，销售自己使用过的 2008 年 12 月 31 日以前购进或者自制的固定资产	
15	2008 年 12 月 31 日以前已纳入扩大增值税抵扣范围试点的纳税人，销售自己使用过的在本地区扩大增值税抵扣范围试点以前购进或者自制的固定资产	
16	对拍卖行受托拍卖增值税应税货物，向买方收取的全部价款和价外费用，应当按照 4% 的征收率征收增值税（国家税务总局公告 2018 年将其废止并按“经纪服务”征税）	原为 4%；国家税务总局公告 2014 年第 36 号调整为 3%
17	自 2019 年 3 月 1 日起，增值税一般纳税人生产销售和批发、零售罕见病药品，可选择按照简易办法计算缴纳增值税（财税〔2019〕24 号）	征收率 3%

续表

序号	具体业务	征收率及其变化
18	自2020年5月1日至2023年12月31日，从事二手车经销的纳税人销售其收购的二手车，由原按照简易办法依3%征收率减按2%征收增值税，改为减按0.5%征收增值税。销售额=含税销售额/（1+0.5%）（国家税务总局公告2020年第9号）	征收率0.5%
19	提供公共交通运输服务，包括轮客渡、公交客运、地铁、城市轻轨、出租车、长途客运、班车服务	3%
20	经认定的动漫企业为开发动漫产品提供的动漫脚本编撰、形象设计、背景设计、动画设计、分镜、动画制作、摄制、描线、上色、画面合成、配音、配乐、音效合成、剪辑、字幕制作、压缩转码（面向网络动漫、手机动漫格式适配）服务，以及在境内转让动漫版权（包括动漫品牌、形象或者内容的授权及再授权）	
21	电影放映服务、仓储服务、装卸搬运服务、收派服务和文化体育服务	
22	以纳入“营改增”试点之日前取得的有形动产为标的物提供的经营租赁服务	
23	在纳入“营改增”试点之日前签订的尚未执行完毕的有形动产租赁合同	
24	一般纳税人以清包工方式提供的建筑服务	
25	一般纳税人为甲供工程提供的建筑服务	
26	一般纳税人为建筑工程老项目提供的建筑服务，可以选择适用简易计税方法计税	
27	公路经营企业中的一般纳税人收取试点前开工的高速公路的车辆通行费	

续表

序号	具体业务	征收率及其变化
28	一般纳税人销售其2016年4月30日前取得（不含自建）的不动产，可以选择适用简易计税方法（以取得的全部价款和价外费用减去该项不动产购置原价或者取得不动产时的作价后的余额为销售额）	5%
29	一般纳税人销售其2016年4月30日前自建的不动产，可以选择适用简易计税方法（以取得的全部价款和价外费用为销售额）	
30	小规模纳税人销售其取得（不含自建）的不动产（不含个体工商户销售购买的住房和其他个人销售不动产）（应以取得的全部价款和价外费用减去该项不动产购置原价或者取得不动产时的作价后的余额为销售额）	
31	小规模纳税人销售其自建的不动产（应以取得的全部价款和价外费用为销售额）	
32	房地产开发企业中的一般纳税人，销售自行开发的房地产老项目	
33	房地产开发企业中的小规模纳税人，销售自行开发的房地产项目	
34	其他个人销售其取得（不含自建）的不动产（不含其购买的住房）（应以取得的全部价款和价外费用减去该项不动产购置原价或者取得不动产时的作价后的余额为销售额）	
35	提供物业管理服务的纳税人，向服务接受方收取的自来水水费，以扣除其对外支付的自来水水费后的余额为销售额（国家税务总局公告2016年第54号）	
36	一般纳税人出租其2016年4月30日前取得的不动产	

续表

序号	具体业务	征收率及其变化
37	房地产开发企业中的一般纳税人，出租自行开发的房地产老项目（财税〔2016〕68号）	5%
38	小规模纳税人出租其取得的不动产（不含个人出租住房）	
39	房地产开发企业中的小规模纳税人，出租自行开发的房地产项目（财税〔2016〕68号）	
40	一般纳税人收取试点前开工的一级公路、二级公路、桥、闸通行费，可以选择适用简易计税方法，按照5%的征收率计算缴纳增值税（财税〔2016〕47号）	5%
41	一般纳税人提供非学历教育服务，可以选择适用简易计税方法计算应纳税额（财税〔2016〕68号）	3%
42	一般纳税人提供劳务派遣服务，以取得的全部价款和价外费用，扣除代用工单位支付给劳务派遣员工的工资、福利和为其办理社会保险及住房公积金后的余额为销售额，按照简易计税方法计算缴纳增值税（财税〔2016〕47号）	5%
43	小规模纳税人提供劳务派遣服务，以取得的全部价款和价外费用，扣除代用工单位支付给劳务派遣员工的工资、福利和为其办理社会保险及住房公积金后的余额为销售额，按照简易计税方法计算缴纳增值税（财税〔2016〕47号）	
44	纳税人提供安全保护服务，比照劳务派遣服务政策执行（财税〔2016〕68号）	
45	一般纳税人提供人力资源外包服务，其销售额不包括受客户单位委托代为向客户单位员工发放的工资和代理缴纳的社会保险、住房公积金。可以选择适用简易计税方法计算缴纳增值税（财税〔2016〕47号）	

续表

序号	具体业务	征收率及其变化
46	一般纳税人销售电梯的同时提供安装服务，其安装服务可以按照甲供工程选择适用简易计税方法计税（国家税务总局公告2017年第11号）	3%
47	纳税人转让2016年4月30日前取得的土地使用权，可以选择适用简易计税方法，以取得的全部价款和价外费用减去取得该土地使用权的原价后的余额为销售额，按照5%的征收率计算缴纳增值税（财税〔2016〕47号）	5%
48	一般纳税人2016年4月30日前签订的不动产融资租赁合同，或以2016年4月30日前取得的不动产提供的融资租赁服务，可以选择适用简易计税方法，按照5%的征收率计算缴纳增值税（财税〔2016〕47号）	
49	非企业性单位中的一般纳税人提供的研发和技术服务、信息技术服务、鉴证咨询服务，以及销售技术、著作权等无形资产，可以选择简易计税方法计算缴纳增值税（财税〔2016〕140号）	3%
50	非企业性单位中的一般纳税人提供财税〔2016〕36号第一条第26项中的“技术转让、技术开发和与之相关的技术咨询、技术服务”，可以选择简易计税方法计算缴纳增值税（财税〔2016〕140号）	
51	一般纳税人提供教育辅助服务，可以选择简易计税方法计算缴纳增值税（财税〔2016〕140号）	

续表

序号	具体业务	征收率及其变化
52	对纳税人生产销售新支线飞机暂减按5%征收增值税，并对其因生产销售新支线飞机而形成的增值税期末留抵税额予以退还（财税〔2016〕141号）	5%
53	自2018年1月1日起，资管产品管理人（以下称“管理人”）运营资管产品过程中发生的增值税应税行为（以下称“资管产品运营业务”），暂适用简易计税方法计算缴纳增值税（财税〔2017〕56号）	3%
54	自2017年7月1日起，建筑工程总承包单位为房屋建筑的地基与基础、主体结构提供工程服务，建设单位自行采购全部或部分钢材、混凝土、砌体材料、预制构件的，适用简易计税方法计税（财税〔2017〕58号）	
55	自2018年5月1日起，增值税一般纳税人生产销售和批发、零售抗癌药品，可选择按照简易办法计算缴纳增值税。上述纳税人选择简易办法计算缴纳增值税后，36个月内不得变更。自2018年5月1日起，对进口抗癌药品，减按3%征收进口环节增值税。纳税人应单独核算抗癌药品的销售额。未单独核算的，不得适用本通知第一条规定的简易征收政策（财税〔2018〕47号）	
56	自2018年7月25日起，一般纳税人销售自产机器设备的同时提供安装服务，应分别核算机器设备和安装服务的销售额，安装服务可以按照甲供工程选择适用简易计税方法计税（国家税务总局公告2018年第42号）	

续表

序号	具体业务	征收率及其变化
57	自2018年7月25日起，一般纳税人销售外购机器设备的同时提供安装服务，如果已经按照兼营的有关规定，分别核算机器设备和安装服务的销售额，安装服务可以按照甲供工程选择适用简易计税方法计税（国家税务总局公告2018年第42号）	3%
58	房地产开发企业中的一般纳税人以围填海方式取得土地并开发的房地产项目，围填海工程《建筑工程施工许可证》或建筑工程承包合同注明的围填海开工日期在2016年4月30日前的，可以选择适用简易计税方法计算缴纳增值税（国家税务总局公告2019年第31号）	5%
59	一般纳税人提供的城市电影放映服务，可以按现行政策规定，选择按照简易计税办法计算缴纳增值税（财税〔2019〕17号）	3%
60	房地产开发企业中的一般纳税人购入未完工的房地产老项目继续开发后，以自己名义立项销售的不动产，属于房地产老项目，可以选择适用简易计税方法按照5%的征收率计算缴纳增值税（财政部 税务总局公告2020年第2号）	5%

2. 涉及农民和农村集体经济组织扶贫攻坚税收优惠

序号	大类	项目	具体内容
1	支持贫困地区基础设施建设	（一）基础设施建设税收优惠	1. 国家重点扶持的公共基础设施项目企业所得税"三免三减半"
			2. 农村电网维护费免征增值税
		（二）农田水利建设税收优惠	3. 县级及县级以下小型水力发电单位可选择按照简易办法计算缴纳增值税
			4. 水利设施用地免征城镇土地使用税
			5. 农田水利占用耕地不征收耕地占用税
			6. 国家重大水利工程建设基金免征城市维护建设税
		（三）农民住宅建设税收优惠	7. 农村居民占用耕地新建自用住宅减半征收耕地占用税
			8. 农村烈属等优抚对象及低保农民新建自用住宅免征耕地占用税
		（四）农村饮水工程税收优惠	9. 农村饮水安全工程新建项目投资经营所得企业所得税"三免三减半"
			10. 农村饮水安全工程免征增值税
			11. 农村饮水安全工程运营管理单位自用房产免征房产税
			12. 农村饮水安全工程运营管理单位自用土地免征城镇土地使用税
			13. 建设农村饮水安全工程承受土地使用权免征契税
			14. 农村饮水安全工程免征印花税

续表

序号	大类	项目	具体内容
2	推动涉农产业发展	（一）优化土地资源配置税收优惠	15. 转让土地使用权给农业生产者用于农业生产免征增值税
			16. 承包地流转给农业生产者用于农业生产免征增值税
			17. 出租国有农用地给农业生产者用于农业生产免征增值税
			18. 直接用于农、林、牧、渔业生产用地免征城镇土地使用税
			19. 农村集体经济组织股份合作制改革免征契税
			20. 农村集体经济组织清产核资免征契税
			21. 收回集体资产签订产权转移书据免征印花税
			22. 农村土地、房屋确权登记不征收契税
			23. 自 2020 年 5 月 1 日至 2023 年 12 月 31 日，从事二手车经销的纳税人销售其收购的二手车，由原按照简易办法依 3% 征收率减按 2% 征收增值税，改为减按 0.5% 征收增值税
		（二）促进农业生产税收优惠	24. 农业生产者销售的自产农产品免征增值税
			25. 进口种子种源免征进口环节增值税
			26. 进口玉米糠、稻米糠等饲料免征增值税
			27. 单一大宗饲料等在国内流通环节免征增值税
			28. 生产销售有机肥免征增值税

续表

序号	大类	项目	具体内容
2	推动涉农产业发展	（二）促进农业生产税收优惠	29. 滴灌产品免征增值税
			30. 生产销售农膜免征增值税
			31. 批发零售种子、种苗、农药、农机免征增值税
			32. 纳税人购进农业生产者销售自产的免税农业产品可以抵扣进项税额
			33. 农产品增值税进项税额核定扣除
			34. 从事农、林、牧、渔业项目减免企业所得税
			35. 从事“四业”的个人暂不征收个人所得税
			36. 农业服务免征增值税
			37. 农用三轮车免征车辆购置税
			38. 捕捞、养殖渔船免征车船税
			39. 农村居民拥有使用的三轮汽车等定期减免车船税
		（三）支持新型农业经营主体发展税收优惠	40. “公司＋农户”经营模式销售畜禽免征增值税
			41. “公司＋农户”经营模式从事农、林、牧、渔业生产减免企业所得税
			42. 农民专业合作社销售本社成员生产的农产品免征增值税
			43. 农民专业合作社向本社成员销售部分农用物资免征增值税
			44. 购进农民专业合作社销售的免税农产品可以抵扣进项税额
			45. 农民专业合作社与本社成员签订的涉农购销合同免征印花税

续表

序号	大类	项目	具体内容
2	推动涉农产业发展	（四）促进农产品流通税收优惠	46. 蔬菜流通环节免征增值税
			47. 部分鲜活肉蛋产品流通环节免征增值税
			48. 农产品批发市场、农贸市场免征房产税
			49. 农产品批发市场、农贸市场免征城镇土地使用税
			50. 国家指定收购部门订立农副产品收购合同免征印花税
		（五）促进农业资源综合利用税收优惠	51. 以部分农林剩余物为原料生产燃料电力热力实行增值税即征即退 100%
			52. 以部分农林剩余物为原料生产资源综合利用产品实行增值税即征即退 70%
			53. 以废弃动植物油为原料生产生物柴油等实行增值税即征即退 70%
			54. 以农作物秸秆为原料生产纸浆、秸秆浆和纸实行增值税即征即退 50%
			55. 以锯末等原料生产的人造板及其制品实行减按 90% 计入收入总额
			56. 以农作物秸秆及壳皮等原料生产电力等产品实行减按 90% 计入企业所得税收入总额
			57. 沼气综合开发利用享受企业所得税“三免三减半”
3	激发贫困地区创业就业活力	（一）基础设施建设税收优惠	58. 增值税小规模纳税人销售额限额内免征增值税
			59. 小型微利企业减免企业所得税
			60. 增值税小规模纳税人减免地方“六税两费”

续表

序号	大类	项目	具体内容
3	激发贫困地区创业就业活力	（一）基础设施建设税收优惠	61. 符合条件的缴纳义务人免征有关政府性基金
			62. 符合条件的增值税小规模纳税人免征文化事业建设费
		（二）重点群体创业就业税收优惠	63. 重点群体创业税收扣减
			64. 吸纳重点群体就业税收扣减
			65. 残疾人创业免征增值税
			66. 安置残疾人就业的单位和个体户增值税即征即退
			67. 特殊教育校办企业安置残疾人就业增值税即征即退
			68. 安置残疾人就业的企业残疾人工资加计扣除
			69. 安置残疾人就业的单位减免城镇土地使用税
4	促进“老少边穷”地区加快发展	（一）扶持欠发达地区和革命老区发展税收优惠	70. 西部地区鼓励类产业企业所得税优惠
			71. 赣州市符合条件企业享受西部大开发企业所得税优惠
			72. 天然林保护工程（二期）实施企业和单位免征房产税
			73. 天然林保护工程（二期）实施企业和单位免征城镇土地使用税
			74. 边民互市限额免税优惠
			75. 边销茶销售免征增值税

续表

序号	大类	项目	具体内容
4	促进“老少边穷”地区加快发展	（二）支持少数民族地区发展税收优惠	76. 民族自治地方企业减征或者免征属于地方分享的企业所得税
			77. 新疆困难地区新办鼓励发展产业企业所得税优惠政策
			78. 新疆喀什、霍尔果斯两个特殊经济开发区企业所得税优惠政策
		（三）易地扶贫搬迁税收优惠政策	79. 易地扶贫搬迁贫困人口有关收入免征个人所得税
			80. 易地扶贫搬迁贫困人口取得安置住房免征契税
			81. 易地扶贫搬迁项目实施主体取得建设土地免征契税、印花税
			82. 易地扶贫搬迁项目实施主体、项目单位免征印花税
			83. 易地扶贫搬迁安置住房用地免征城镇土地使用税
			84. 易地扶贫搬迁项目实施主体购置安置房源免征契税、印花税
5	鼓励社会扶贫捐赠	六、鼓励社会力量加大扶贫捐赠	85. 企业符合条件的扶贫捐赠所得税税前据实扣除
			86. 符合条件的扶贫货物捐赠免征增值税
			87. 个人通过公益性社会组织或国家机关的公益慈善事业捐赠个人所得税税前扣除
			88. 境外捐赠人捐赠慈善物资免征进口环节增值税

3. 增值税适用差额征税的20种情形

序号	应税行为	销售额的确定	发票管理
1	试点纳税人中的一般纳税人提供客运场站服务	以其取得的全部价款和价外费用，扣除支付给承运方运费后的余额为销售额（财税〔2016〕36号）	
2	试点纳税人提供旅游服务	可以选择以取得的全部价款和价外费用，扣除向旅游服务购买方收取并支付给其他单位或者个人的住宿费、餐饮费、交通费、签证费、门票费和支付给其他接团旅游企业的旅游费用后的余额为销售额（财税〔2016〕36号）	试点纳税人，向旅游服务购买方收取并支付的上述费用，不得开具增值税专用发票，可以开具普通发票
3	试点纳税人提供建筑服务适用简易计税方法的	以取得的全部价款和价外费用扣除支付的分包款后的余额为销售额（财税〔2016〕36号）	
4	房地产开发企业中的一般纳税人销售其开发的房地产项目（选择简易计税方法的房地产老项目除外）	以取得的全部价款和价外费用，扣除受让土地时向政府部门支付的土地价款后的余额为销售额。财税〔2016〕36号第1条第（三）项第10点中“向政府部门支付的土地价款”，包括土地受让人向政府部门支付的征地和拆迁补偿费用、土地前期开发费用和土地出让收益等（财税〔2016〕140号）	

续表

序号	应税行为	销售额的确定	发票管理
5	经纪代理服务	以收取的全部价款和价外费用，扣除向委托方收取并代为支付的政府性基金或者行政事业性收费后的余额为销售额（财税〔2016〕36号）	政府性基金或事业性收费不得开具增值税专用发票
6	金融商品转让	按照卖出价扣除买入价后的余额为销售额（财税〔2016〕36号）	不得开具增值税专用发票
7	贷款服务	以提供贷款服务取得的全部利息及利息性质的收入为销售额（不含本金）（财税〔2016〕36号）	不得抵扣进项税额，但并未规定不得开具增值税专用发票
8	一般纳税人销售其2016年4月30日前取得的不动产	一般纳税人销售其2016年4月30日前取得（不含自建）的不动产，可以选择适应简易计税方法，以全部收入减去该项不动产购置原价或者取得不动产时的作价后的余额，按照5%的预征率向不动产所在地的主管地税机关预缴税款，向机构所在地的主管国税机关进行纳税申报（财税〔2016〕36号）	

续表

序号	应税行为	销售额的确定	发票管理
9	小规模纳税人销售其取得（不含自建）的不动产	小规模纳税人销售其取得（不含自建）的不动产（不含个体工商户销售购买的住房和其他个人销售不动产），应以取得的全部价款和价外费用减去该项不动产购置原价或者取得不动产时的作价后的余额为销售额，按照5%的征收率计算应纳税额（财税〔2016〕36号）	
10	纳税人转让2016年4月30日前取得的土地使用权	纳税人转让2016年4月30日前取得的土地使用权，可以选择适用简易计税方法，以取得的全部价款和价外费用减去取得该土地使用权的原价后的余额为销售额，按照5%的征收率计算缴纳增值税（财税〔2016〕36号）	
11	物业管理服务中收取的自来水水费	提供物业管理服务的纳税人，向服务接受方收取的自来水水费，以扣除其对外支付的自来水水费后的余额为销售额（国家税务总局公告2016年第54号）	
12	纳税人提供人力资源外包服务	按照经纪代理服务缴纳增值税，其销售额不包括受客户单位委托代为向客户单位员工发放的工资和代理缴纳的社会保险、住房公积金（财税〔2016〕47号）	代为发放的工资和缴纳的费用不得开具增值税专用发票，可以开具普通发票

续表

序号	应税行为	销售额的确定	发票管理
13	纳税人提供劳务派遣服务	一般纳税人提供劳务派遣服务，可以取得的全部价款和价外费用为销售额，按照一般计税方法计算缴纳增值税；也可以选择差额纳税，以取得的全部价款和价外费用，扣除代用工单位支付给劳务派遣员工的工资、福利和为其办理社会保险及住房公积金后的余额为销售额，按照简易计税方法依5%的征收率计算缴纳增值税（财税〔2016〕47号）	选择差额纳税的纳税人，向用工单位收取用于支付给劳务派遣员工工资、福利和为其办理社会保险及住房公积金的费用，不得开具增值税专用发票，可以开具普通发票
		小规模纳税人提供劳务派遣服务，可以取得的全部价款和价外费用为销售额，按照简易计税方法依3%的征收率计算缴纳增值税；也可以选择差额纳税，以取得的全部价款和价外费用，扣除代用工单位支付给劳务派遣员工的工资、福利和为其办理社会保险及住房公积金后的余额为销售额，按照简易计税方法依5%的征收率计算缴纳增值税（财税〔2016〕47号）	
14	纳税人提供安全保护服务	纳税人提供安全保护服务，比照劳务派遣服务政策执行（财税〔2016〕68号）	不得开具增值税专用发票，可以开具普通发票

续表

序号	应税行为	销售额的确定	发票管理
15	签证代理服务	纳税人提供签证代理服务，以取得的全部价款和价外费用，扣除向服务接受方收取并代为支付给外交部和外国驻华使（领）馆的签证费、认证费后的余额为销售额（国家税务总局公告 2016 年第 69 号）	向服务接受方收取并代为支付的签证费、认证费，不得开具增值税专用发票，可以开具增值税普通发票
16	代理进口	纳税人代理进口按规定免征进口增值税的货物，其销售额不包括向委托方收取并代为支付的货款（国家税务总局公告 2016 年第 69 号）	向委托方收取并代为支付的款项，不得开具增值税专用发票，可以开具增值税普通发票
17	境外单位通过教育部考试中心及其直属单位在境内开展考试服务	教育部考试中心及其直属单位应以取得的考试费收入扣除支付给境外单位考试费后的余额为销售额，按提供“教育辅助服务”缴纳增值税；就代为收取并支付给境外单位的考试费统一扣缴增值税（国家税务总局公告 2016 年第 69 号）	教育部考试中心及其直属单位代为收取并支付给境外单位的考试费，不得开具增值税专用发票，可以开具增值税普通发票

续表

序号	应税行为	销售额的确定	发票管理
18	纳税人提供建筑服务取得预收款	应在收到预收款时，以取得的预收款扣除支付的分包款后的余额，按照规定的预征率预缴增值税（财税〔2017〕58号）	
19	航空运输销售代理企业提供境外航段机票代理服务	以取得的全部价款和价外费用，扣除向客户收取并支付给其他单位或者个人的境外航段机票结算款和相关费用后的余额为销售额（财税〔2017〕90号）	
20	航空运输销售代理企业提供境内机票代理服务	以取得的全部价款和价外费用，扣除向客户收取并支付给航空运输企业或其他航空运输销售代理企业的境内机票净结算款和相关费用后的余额为销售额（国家税务总局公告2018年第42号）	航空运输销售代理企业就取得的全部价款和价外费用，向购买方开具行程单，或开具增值税普通发票

注：本表不包括财税〔2016〕36号规定的航空运输业销售额，北京市、上海市、广州市和深圳市个体工商户和个人销售购买的住房，其他个人销售其取得（不含自建）的不动产销售额，融资租赁业务的试点纳税人从事融资租赁业务销售额；财税〔2016〕39号规定的中国证券登记结算公司的销售额、三大电信集团收取的通过手机短信公益特服号为公益性机构接受捐款等10项差额纳税。

4. 纳税人不得开具增值税专用发票的32种情形

序号	大类	具体情形	文件依据
1	个人消费	向消费者个人销售货物或者应税劳务	《增值税暂行条例》第21条
2		向消费者个人销售服务、无形资产或者不动产	财税〔2016〕36号附件1第53条
3	个人提供应税行为	个人销售货物、提供应税劳务或者提供应税服务，不能开增值税专用发票，只能申请代开增值税普通发票	国税发〔2004〕153号第2条、第5条
4	免征增值税应税行为	一般纳税人销售货物或者应税劳务适用免税规定的，不得开具专用发票。法律、法规及国家税务总局另有规定的除外	《中华人民共和国增值税暂行条例》第21条、国税发〔2006〕156号、国税函〔2005〕780号
5		纳税人提供跨境服务免征增值税的，应单独核算跨境服务的销售额，准确计算不得抵扣的进项税额，其免税收入不得开具增值税专用发票	税务总局公告2014年第49号第6条
6		适用免征增值税规定的应税行为	财税〔2016〕36号附件1第53条
7	销售不动产	纳税人向其他个人转让其取得的不动产，不得开具或申请代开增值税专用发票	国家税务总局公告2016年第14号
8	出租不动产	纳税人向其他个人出租不动产，不得开具或申请代开增值税专用发票	国家税务总局公告2016年第16号

续表

序号	大类	具体情形	文件依据
9	销售开发项目	纳税人向其他个人转让其自行开发的项目，不得开具或申请代开增值税专用发票	国家税务总局公告2016年第18号
10	人力资源外包服务	向委托方收取并代为发放的工资和代理缴纳的社会保险、住房公积金，不得开具增值税专用发票，可以开具普通发票	财税〔2016〕47号第3条
11	劳务派遣服务	选择差额纳税的纳税人，向用工单位收取用于支付给劳务派遣员工工资、福利和为其办理社会保险及住房公积金的费用，不得开具增值税专用发票，可以开具普通发票	财税〔2016〕47号第1条
12	销售旧货	一般纳税人销售自己使用过的固定资产，按简易办法依3%征收率减按2%征收增值税，不得开具增值税专用发票；但放弃减税，按照简易办法依照3%征收率缴纳增值税，并可以开具增值税专用发票	财税〔2008〕170号、国税函〔2009〕90号、国家税务总局公告〔2012〕1号、财税〔2014〕57号、国家税务总局公告2015年第90号
13		纳税人销售使用过的旧货，应开具普通发票，不得自行开具或者由税务机关代开增值税专用发票	国税函〔2009〕90号

续表

序号	大类	具体情形	文件依据
14	出口货物或出口应税行为	实行增值税退（免）税办法的增值税零税率应税服务不得开具增值税专用发票	国家税务总局公告2014年第11号第7条
15		出口货物劳务除输入特殊区域的水电气外，出口企业和其他单位不得开具增值税专用发票	国家税务总局公告2012年第24号
16		钻石出口不得开具增值税专用发票	国税发〔2006〕131号
17	销售特定物资	一般纳税人销售废旧物资，不得开增值税专用发票	国家税务总局公告2008年第1号
18		一般纳税人的单采血浆站按照简易办法计税销售非临床用人体血液，不得开具增值税专用发票	国税函〔2009〕456号、国家税务总局公告2014年第36号
19		商业企业一般纳税人零售的烟、酒、食品、服装、鞋帽（不包括劳保专用部分）、化妆品等消费品	国税发〔2006〕156号
20		纳税人销售自行开发的房地产项目，其2016年4月30日前收取并已向主管地税机关申报缴纳营业税的预收款，未开具营业税发票的，可以开具增值税普通发票，不得开具增值税专用发票	国家税务总局公告2016年第18号

续表

序号	大类	具体情形	文件依据
21	提供特定应税行为	金融商品转让，不得开具增值税专用发票	财税〔2016〕36 号附件 2 第 1 条
22		经纪代理服务，向委托方收取的政府性基金或者行政事业性收费，不得开具增值税专用发票	财税〔2016〕36 号附件 2 第 1 条
23		试点纳税人根据 2016 年 4 月 30 日前签订的有形动产融资性售后回租合同，在合同到期前提供的有形动产融资性售后回租服务，向承租方收取的有形动产价款本金，不得开具增值税专用发票，可以开具普通发票	财税〔2016〕36 号附件 2 第 1 条
24		试点纳税人提供旅游服务，向旅游服务购买方收取并支付的支付给其他单位或者个人的住宿费、餐饮费、交通费、签证费、门票费和支付给其他接团旅游企业的旅游费用等相关费用，不得开具增值税专用发票，可以开具普通发票	财税〔2016〕36 号附件 2 第 1 条
25	会计核算	一般纳税人会计核算不健全，或者不能够提供准确税务资料的，应当按照销售额和增值税税率计算应纳税额，不得抵扣进项税额，也不得使用增值税专用发票	《增值税暂行条例实施细则》第 34 条

续表

序号	大类	具体情形	文件依据
26	征收管理	凡达到增值税一般纳税人标准不申请办理认定手续的纳税人，不得开具专用发票	国税函〔2008〕1079号、国家税务总局公告2015年第18号
27	国际货运代理	纳税人提供的直接或者间接国际货物运输代理服务，纳税人应当就国际货物运输代理服务收入向委托方全额开具增值税普通发票	财税〔2016〕36号、国家税务总局公告2014年第42号
28	有形动产融资性售后回租	试点纳税人根据2016年4月30日前签订的有形动产融资性售后回租合同，继续按照有形动产融资租赁服务缴纳增值税的试点纳税人，根据2016年4月30日前签订的有形动产融资性售后回租合同，在合同到期前提供的有形动产融资性售后回租服务，以向承租方收取的全部价款和价外费用，扣除向承租方收取的价款本金，以及对外支付的借款利息（包括外汇借款和人民币借款利息）、发行债券利息后的余额为销售额。试点纳税人提供有形动产融资性售后回租服务，向承租方收取的有形动产价款本金，不得开具增值税专用发票，可以开具普通发票	财税〔2016〕36号附件2
29	签证代理服务	向服务接受方收取并代为支付的签证费、认证费，不得开具增值税专用发票，可以开具增值税普通发票	国家税务总局公告2016年第69号

续表

序号	大类	具体情形	文件依据
30	纳税人代理进口按规定免征进口增值税的货物	其销售额不包括向委托方收取并代为支付的货款，向委托方收取并代为支付的款项，不得开具增值税专用发票，可以开具增值税普通发票	国家税务总局公告2016年第69号
31	境外单位通过教育部考试中心及其直属单位在境内开展考试服务	教育部考试中心及其直属单位代为收取并支付给境外单位的考试费，不得开具增值税专用发票，可以开具增值税普通发票	国家税务总局公告2016年第69号
32	航空运输销售代理企业提供境内机票代理服务	以取得的全部价款和价外费用，扣除向客户收取并支付给航空运输企业或其他航空运输销售代理企业的境内机票净结算款和相关费用后的余额为销售额。航空运输销售代理企业就取得的全部价款和价外费用，向购买方开具行程单，或开具增值税普通发票	国家税务总局公告2018年第42号

5. 不得抵扣进项税额的 18 种情形

序号	试点纳税人不得抵扣进项税额情形	备注
1	纳税人取得的增值税扣税凭证不符合法律、行政法规或者国家税务总局有关规定的。增值税扣税凭证，是指增值税专用发票、海关进口增值税专用缴款书、农产品收购发票、农产品销售发票和完税凭证	自 2017 年 7 月 1 日起，购买方为企业的，索取增值税普通发票时，应向销售方提供纳税人识别号或统一社会信用代码；销售方为其开具增值税普通发票时，应在“购买方纳税人识别号”栏填写购买方的纳税人识别号或统一社会信用代码。不符合规定的发票，不得作为税收凭证（国家税务总局公告 2017 年第 16 号）
2	纳税人凭完税凭证抵扣进项税额，资料不全的	纳税人凭完税凭证抵扣进项税额的，应当具备书面合同、付款证明和境外单位的对账单或者发票
3	一般纳税人会计核算不健全，或者不能够提供准确税务资料的	不得抵扣进项税额，也不得使用增值税专用发票
4	应当办理一般纳税人资格登记而未办理的	
5	用于简易计税方法计税项目、免征增值税项目、集体福利或者个人消费的购进货物、劳务、服务、无形资产和不动产（国务院令第 691 号）	其中涉及的固定资产、无形资产、不动产，仅指专用于前述项目的固定资产、无形资产（不包括其他权益性无形资产）、不动产。总局货劳司《营改增培训教材》P407 案例 7 中对于既用于增值税应税项目，又用于增值税免税项目的固定资产，允许抵扣进项税额。纳税人的交际应酬消费属于个人消费

续表

序号	试点纳税人不得抵扣进项税额情形	备注
6	纳税人取得的按照规定允许从销售额中扣除的价款，其扣除凭证属于增值税扣税凭证的	已经差额纳税，允许抵扣会造成重复扣减
7	非正常损失的购进货物，以及相关的劳务和交通运输服务（国务院令第 691 号）	非正常损失，是指因管理不善造成货物被盗、丢失、霉烂变质，以及因违反法律法规造成货物或者不动产被依法没收、销毁、拆除的情形
8	非正常损失的在产品、产成品所耗用的购进货物（不包括固定资产）、劳务和交通运输服务（国务院令第 691 号）	本规定中的货物是指构成不动产实体的材料和设备，包括建筑装饰材料和给排水、采暖、卫生、通风、照明、通讯、煤气、消防、中央空调、电梯、电气、智能化楼宇设备及配套设施
9	非正常损失的不动产，以及该不动产所耗用的购进货物、设计服务和建筑服务	
10	非正常损失的不动产在建工程所耗用的购进货物、设计服务和建筑服务	纳税人新建、改建、扩建、修缮、装饰不动产，均属于不动产在建工程
11	纳税人购进的贷款服务	
12	纳税人接受贷款服务向贷款方支付的与该笔贷款直接相关的投融资顾问费、手续费、咨询费等费用	购进贷款服务不允许抵扣进项，防止企业以融资费用等转化贷款服务

续表

序号	试点纳税人不得抵扣进项税额情形	备注
13	纳税人取得虚开的增值税专用发票	根据国家税务总局公告 2012 年第 33 号规定，从 2012 年 8 月 1 日起，纳税人取得虚开的增值税专用发票不得作为增值税合法有效的扣税凭证抵扣其进项税额
14	汇总开具增值税专用发票不附清单的	取得汇总开具的增值税专用发票，没有同时取得防伪税控系统开具的相应《销售货物或者提供应税劳务清单》的，其进项税额不允许抵扣（国税发〔2006〕156 号）
15	增值税一般纳税人支付的初次购买增值税税控系统专用设备费用及维护费用，已全额抵减增值税的	在增值税应纳税额中全额抵减的，其增值税专用发票不作为增值税抵扣凭证，其进项税额不得从销项税额中抵扣（财税〔2012〕15 号）
16	购进的旅客运输服务	税总纳便函〔2016〕71 号明确，作为乘客消费的旅客运输服务，支付的运费不能作为进项税额抵扣；但作为经营者与对方合作经营开展联合运输时，其支付的旅客运输分运费是可以作为进项税额抵扣的
17	购进的餐饮服务	包括外购餐饮企业的外卖食品。财税〔2016〕10 号明确，提供餐饮服务的纳税人销售的外卖食品，按照“餐饮服务”缴纳增值税
18	购进的居民日常服务和娱乐服务	

6. 企业所得税税前扣除凭证要求汇总表

序号	业务内容	凭证要求	文件号
1	购买应税商品、劳务、服务支出（包括向金融企业或非金融企业借款而支付的融资服务费、投融资顾问费、咨询服务费、手续费）	增值税发票	《中华人民共和国发票管理办法》第十九条；经 2010 年 12 月 20 日国务院令第 587 号 2019 年 3 月 2 日国务院令第 709 号两次修订
2	购买门票、过桥过路费交通运输服务、场站客运服务等 购买二手车	门票、过路（过桥）费发票、定额发票、客运发票； 二手车销售统一发票	国家税务总局公告 2016 年第 23 号；国家税务总局公告 2017 年第 45 号；国家税务总局公告 2018 年第 6 号；国家税务总局公告 2019 年第 4 号；国家税务总局公告 2019 年第 8 号；国家税务总局公告 2019 年第 31 号
3	对方为依法无需办理税务登记的单位或者从事小额零星经营业务的个人的支出	以税务机关代开的发票或者收款凭证及内部凭证作为税前扣除凭证，收款凭证应载明收款单位名称、个人姓名及身份证号、支出项目、收款金额等相关信息	《企业所得税税前扣除凭证管理办法》国家税务总局公告 2018 年第 28 号

续表

序号	业务内容	凭证要求	文件号
4	支付行政事业性收费 缴纳政府性基金 支付国有资源（资产）出让金、土地出让金 支付罚款 支付行政事业单位收缴的政府非税收入	非税收入通用票据，如《中央非税收入统一票据》 非税收入专用票据，如行政事业性收费票据、政府性基金票据 国有资源（资产）收入票据；土地主管部门开具的财政票据 罚没票据 非税收入一般缴款书	《财政票据管理办法》中华人民共和国财政部令第70号，后经中华人民共和国财政部令第104号2020年12月3日《财政部关于修改〈财政票据管理办法〉的决定》修改
5	通过国家机关、公益性事业单位、公益性社会团体和其他公益性组织用于公益事业的捐赠	公益事业捐赠票据	
6	支付非营利医疗卫生机构的医疗服务费用	医疗收费票据	
7	向行业协会支付会费	《全国性社会团体会费统一收据》	
8	向社会团体支付会员会费	社会团体会费票据	
9	缴纳可在税前扣除的各类税金（费）	税务机关开具的税收缴款书或表格式完税凭证	

续表

序号	业务内容	凭证要求	文件号
10	企业拨缴的职工工会经费	《工会经费收入专用收据》 《代收工会经费通用缴款书》 《中华人民共和国专用税收缴款书》	国家税务总局公告2010年第24号；国家税务总局公告2011年第30号
11	从境内的农（牧）民手中购进免税农产品	农（牧）民开具的农产品销售发票或者企业自行开具的农产品收购发票	《增值税暂行条例》第八条
12	法院判决、调解、仲裁等发生的支出	法院判决书、裁定书、调解书，以及可由人民法院执行的仲裁裁决书、公证债权文书和付款单据	国家税务总局公告2016年第14号
13	支付银行借款利息	向银行金融企业借款，该银行开具的银行利息结算单据	《企业所得税法实施条例》第38条；财税〔2008〕121号；国家税务总局公告2011年第34号
14	支付非银行金融机构借款利息	向非银行金融企业或非金融企业或个人借款而发生的利息支出，须取得付款单据和发票，辅以借款合同（协议）；在按照合同要求首次支付利息并进行税前扣除时，应提供（本省任何一家）金融企业的同期同类贷款利率情况说明	

续表

序号	业务内容	凭证要求	文件号
15	企业发生的资产损失	（1）司法机关的判决或者裁定 （2）公安机关的立案结案证明、回复 （3）工商部门出具的注销、吊销及停业证明 （4）企业的破产清算公告或清偿文件 （5）行政机关的公文 （6）专业技术部门的鉴定报告 （7）具有法定资质的中介机构的经济鉴定证明 （8）仲裁机构的仲裁文书 （9）保险公司对投保资产出具的出险调查单、理赔计算单等保险单据 （10）符合法律规定的其他证据	《企业资产损失所得税税前扣除管理办法》国家税务总局公告2011年第25号
16	企业与其他企业（包括关联企业）、个人在境内共同接受应税劳务发生的支出，采取分摊方式的	企业以发票和分割单作为税前扣除凭证	《企业所得税税前扣除凭证管理办法》国家税务总局公告2018年第28号

续表

序号	业务内容	凭证要求	文件号
17	支付旅客运费用、铁路运输费	航空运输电子客票行程单和火车票	财政部税务总局海关总署公告2019年第39号
18	火车、机票退票费	运输业增值税发票	财税〔2017〕第90号
19	解除劳动合同（辞退）补偿金、非增值税征收范围的拆迁补偿费等非应税项目支出	取得盖有收款单位印章的收据或收款个人签具的收据、收条或签收花名册等单据，并附合同（如拆迁、回迁补偿合同）等凭据以及收款单位或个人的证照或身份证明复印件为辅证	《企业所得税法》第8条；《劳动合同法》第47条
20	支付给中国境外单位或个人的款项	应当提供合同、外汇支付单据、单位、个人签收单据等。税务机关在审查时有疑义的，需要提供境外公证机构的确认证明并经税务机关审核认可	《中华人民共和国发票管理办法》第33条；国家税务总局公告2015年第16号
21	缴纳的各项社会保险费和住房公积金、残疾人保障金	社会保险费《专用缴款书》和住房公积金《专用缴款书》 残疾人保障基金《专用缴款书》或《税收通用完税证》	《社会保险费征缴暂行条例》（国务院令第710号）；《企业所得税法实施条例》第35条

续表

序号	业务内容	凭证要求	文件号
22	单位以现金方式发放给出差人员的交通费、误餐补助、餐费补贴等；实报实销方式凭出差人员实际发生的交通费、餐费发票作为公司费用予以报销	应并入工资总额，以《工资发放表》作为凭证 交通费、餐费发票	《企业所得税法实施条例》第 34 条；国税函〔2009〕3 号
23	按规定向职工家属给予的赔偿费、丧葬费	以企业与职工（或家属）签订的赔偿协议、相关部门出具的鉴定报告（或证明）、法院文书以及当事人签字的付款单据为税前扣除凭证，如涉及个人所得税缴纳，还需个人所得税完税凭证	
24	折旧费用、资产摊销、结转成本、汇兑损益	折旧费用计算表、资产摊销计算表、人员工资汇总与分配表、制造费用归集与分配表、产品成本结转计算表、汇兑损益计算表等自制凭证	《企业所得税法实施条例》第 29 条、第 30 条、第 39 条等

续表

序号	业务内容	凭证要求	文件号
25	根据经济合同发生违约金、赔偿费、罚款	1. 法院判决书或调解书 2. 仲裁机构的裁定书 3. 双方签订的提供应税货物或应税劳务的协议 4. 双方签订的赔偿协议	《企业所得税法实施条例》第 33 条
26	现金折扣支出	双方盖章确认的有效合同、根据实际情况计算的折扣金额明细、银行付款凭据、收款收据等证明该业务真实发生的合法凭据	《企业所得税法实施条例》第 33 条
27	研发费加计扣除、残疾人员工资加计扣除	无须票据	财税〔2015〕119 号；财税〔2018〕99 号；财政部、税务总局公告 2021 年第 6 号；财政部、税务总局公告 2021 年第 13 号

7. 企业所得税税前扣除成本费用的内容及比例一览表

序号	扣除内容	扣除比例	政策依据	备注
1	企业实际发生的与取得收入有关的合理支出，包括成本、费用、税金、损失和其他支出，准予在计算应纳税所得额时扣除	以权责发生制为基础，据实扣除	《企业所得税法》第 8 条； 《企业所得税法实施条例》第 29 条至第 33 条	
2	企业发生的合理的工资薪金支出	据实扣除	《企业所得税法实施条例》第 34 条；《关于企业工资薪金及职工福利费扣除问题的通知》（国税函〔2009〕3 号）；《关于企业所得税若干税务事项衔接问题的通知》（国税函〔2009〕98 号）第六条；《关于企业工资薪金和职工福利费等支出税前扣除问题的公告》（国家税务总局公告 2015 年第 34 号）第 1 条	在本企业任职或者受雇的员工；随企业员工工资薪金制度、固定与工资薪金一起发放的福利性补贴，符合规定的合理工资、薪金支出条件，可作为企业发生的工资薪金支出，按规定在税前扣除
3	残疾人工资	据实扣除，且 100% 加计扣除	企业所得税法第 30 条；《企业所得税法实施条例》第 96 条；《关于安置残疾人员就业有关企业所得税优惠政策问题的通知》（财税〔2009〕70 号）	

续表

序号	扣除内容	扣除比例	政策依据	备注
4	企业因雇用季节工、临时工、实习生、返聘离退休人员所实际发生的费用	据实扣除	《企业所得税法实施条例》第34条；《国家税务总局关于企业所得税应纳税所得额若干税务处理问题的公告》（国家税务总局公告2012年第15号）	应区分为工资薪金支出和职工福利费支出，并按规定在企业所得税前扣除
5	企业接受外部劳务派遣用工所实际发生的费用	据实扣除	《国家税务总局关于企业工资薪金和职工福利费等支出税前扣除问题的公告》（国家税务总局公告2015年第34号）第3条	应分两种情况按规定在税前扣除：按照协议（合同）约定 直接支付给劳务派遣公司的费用，应作为劳务费支出；直接支付给员工个人的费用，应作为工资薪金支出和职工福利费支出。其中属于工资薪金支出的费用，准予计入企业工资薪金总额的基数，作为计算其他各项相关费用扣除的依据

续表

序号	扣除内容	扣除比例	政策依据	备注
6	职工福利费支出	14%内限额扣除	《企业所得税法实施条例》（中华人民共和国国务院令第512号）第四十条 《关于企业工资薪金及职工福利费扣除问题的通知》（国税函〔2009〕3号）第三条 《关于企业所得税若干税务事项衔接问题的通知》（国税函〔2009〕98号）第四条 《关于企业工资薪金和职工福利费等支出税前扣除问题的公告》（国家税务总局公告2015年第34号）	计税工资总额的14%内限额扣除
7	工会经费	2%	《企业所得税法实施条例》（中华人民共和国国务院令第512号）第四十一条 《关于工会经费企业所得税税前扣除凭据问题的公告》（国家税务总局公告2010年第24号） 《关于税务机关代收工会经费企业所得税税前扣除凭据问题的公告》（国家税务总局公告2011年第30号）	不超过工资薪金总额2%的部分；凭工会组织开具的《工会经费收入专用收据》；或有效的工会经费代收凭据依法在税前扣除

续表

序号	扣除内容	扣除比例	政策依据	备注
8	职工教育经费	不超过工资总额 8% 的据实扣除，超过 8% 后结转以后年度扣除	《企业所得税法实施条例》（中华人民共和国国务院令第 512 号）第四十二条 《关于企业所得税若干税务事项衔接问题的通知》（国税函〔2009〕98 号）第五条 《关于企业职工教育经费税前扣除政策的通知》（财税〔2018〕51 号）	
		特定行业职工培训费全额扣除	《关于企业所得税应纳税所得额若干问题的公告》（国家税务总局公告 2014 年第 29 号）第四条 《关于企业所得税执行中若干税务处理问题的通知》（国税函〔2009〕202 号）第四条 《关于进一步鼓励软件产业和集成电路产业发展企业所得税政策的通知》（财税〔2012〕27 号）第六条 《财政部、国家税务总局关于企业所得税若干优惠政策的通知》（财税〔2008〕1 号）	软件生产企业发生的职工教育经费中的职工培训费用，可以全额在企业所得税前扣除

续表

序号	扣除内容	扣除比例	政策依据	备注
9	社会保险	规定的范围和标准内准予扣除	《企业所得税法实施条例》（中华人民共和国国务院令第512号）第三十五条	
10	住房公积金	规定的范围和标准内准予扣除	《企业所得税法实施条例》（中华人民共和国国务院令第512号）第三十五条	
11	补充养老	不超过职工工资总额5%	《关于补充养老保险费补充医疗保险费有关企业所得税政策问题的通知》（财税〔2009〕27号）	
12	补充医疗保险费	不超过职工工资总额5%	《关于补充养老保险费补充医疗保险费有关企业所得税政策问题的通知》（财税〔2009〕27号）	
13	财产保险	据实扣除	《企业所得税法实施条例》（中华人民共和国国务院令第512号）第四十六条	

续表

序号	扣除内容	扣除比例	政策依据	备注
14	为特殊工种职工支付的人身安全保险费和国务院财政、税务主管部门规定可以扣除的其他商业保险	据实扣除	《企业所得税法实施条例》（中华人民共和国国务院令第512号）第三十六条 《关于企业所得税有关问题的公告》（国家税务总局公告2016年第80号）第一条 《关于责任保险费企业所得税税前扣除有关问题的公告》（国家税务总局公告2018年第52号）	
15	商业保险	不得扣除（除企业依照国家有关规定为特殊工种职工支付的人身安全保险费和国务院财政、税务主管部门规定可以扣除的其他商业保险费外）	《企业所得税法实施条例》（中华人民共和国国务院令第512号）第三十六条 《关于企业所得税有关问题的公告》（国家税务总局公告2016年第80号）第一条 《关于责任保险费企业所得税税前扣除有关问题的公告》（国家税务总局公告2018年第52号）	为特殊工种职工支付的人身安全保险费和符合规定商业保险费准予扣除

续表

序号	扣除内容	扣除比例	政策依据	备注
16	劳动保护支出	合理的劳动保护支出，准予扣除	《企业所得税法实施条例》（中华人民共和国国务院令第 512 号）第四十八条	
17	员工服饰	作为企业合理的支出给予税前扣除	《关于企业所得税若干问题的公告》（国家税务总局公告 2011 年第 34 号）第二条	
18	业务招待费支出	min（60%，5‰）	《企业所得税法实施条例》（中华人民共和国国务院令第 512 号）第四十三条 《关于企业所得税执行中若干税务处理问题的通知》（国税函〔2009〕202 号）第一条 《关于贯彻落实企业所得税法若干税收问题的通知》（国税函〔2010〕79 号）第八条 《关于企业所得税应纳税所得额若干税务处理问题的公告》（国家税务总局公告 2012 年第 15 号）第五条	实际发生额 60% 的金额，且不超过审核后销售（营业）收入的 5‰ 对从事股权投资业务的企业（包括集团公司总部、创业投资企业等），其从被投资企业所分配的股息、红利以及股权转让收入，可以按规定的比例计算业务招待费扣除限额

续表

序号	扣除内容	扣除比例	政策依据	备注
19	广告费和业务宣传费支出	15%	《企业所得税法实施条例》（中华人民共和国国务院令第512号）第四十四条 《关于企业所得税若干税务事项衔接问题的通知》（国税函〔2009〕98号）第七条 《关于企业所得税执行中若干税务处理问题的通知》（国税函〔2009〕202号）第一条	超过当年营业收入15%部分，结转以后年度扣除额
		30%	《关于广告费和业务宣传费支出税前扣除有关事项的公告》（财政部 税务总局公告2020年第43号）	化妆品制造或销售、医药制造和饮料制造（不含酒类制造）企业发生的广告费和业务宣传费支出，不超过当年销售（营业）收入30%的部分，准予扣除；超过部分，准予在以后纳税年度结转扣除
		不得扣除	烟草企业的广宣费	

续表

序号	扣除内容	扣除比例	政策依据	备注
20	捐赠支出	12%	《企业所得税法》（主席令第 63 号）2017 年修正案第九条 《企业所得税法实施条例》（中华人民共和国国务院令第 512 号）第五十一条、第五十二条、第五十三条、第五十四条 《关于认真落实抗震救灾及灾后重建税收政策问题的通知》（财税〔2008〕62 号）第一条第二项 《关于通过公益性群众团体的公益性捐赠税前扣除有关问题的通知》（财税〔2009〕124 号）、《关于企业所得税执行中若干税务处理问题的通知》（国税函〔2009〕202 号）第三条 《关于公益股权捐赠企业所得税政策问题的通知》（财税〔2016〕45 号） 《关于公益性捐赠支出企业所得税税前结转扣除有关政策的通知》（财税〔2018〕15 号） 《财政部　税务总局关于公共租赁住房税收优惠政策的公告》（财政部 税务总局公告 2019 年第 61 号）第五条 《关于公益性捐赠税前扣除有关事项的公告》（财政部公告 2020 年第 27 号）	企业通过公益性社会组织或者县级（含县级）以上人民政府及其组成部门和直属机构，用于慈善活动、公益事业的捐赠支出，在年度利润总额 12% 以内的部分，准予在计算应纳税所得额时扣除；超过年度利润总额 12% 的部分，准予结转以后三年内在计算应纳税所得额时扣除

续表

序号	扣除内容	扣除比例	政策依据	备注
20	捐赠支出	全额扣除	《关于北京2022年冬奥会和冬残奥会税收政策的通知》（财税〔2017〕60号）	对企业、社会组织和团体赞助、捐赠北京2022年冬奥会、冬残奥会、测试赛的资金、物资、服务支出，在计算企业应纳税所得额时予以全额扣除
		全额扣除	《财政部 税务总局 国务院扶贫办关于企业扶贫捐赠所得税税前扣除政策的公告》（财政部 税务总局 国务院扶贫办公告2019年第49号）	自2019年1月1日至2022年12月31日，企业通过公益性社会组织或者县级（含县级）以上人民政府及其组成部门和直属机构，用于目标脱贫地区的扶贫捐赠支出，准予在计算企业所得税应纳税所得额时据实扣除。在政策执行期限内，目标脱贫地区实现脱贫的，可继续适用上述政策

续表

序号	扣除内容	扣除比例	政策依据	备注
20	捐赠支出	全额扣除	《关于支持新型冠状病毒感染的肺炎疫情防控有关捐赠税收政策的公告》（财政部 税务总局公告2020年第9号）	一、企业和个人通过公益性社会组织或者县级以上人民政府及其部门等国家机关，捐赠用于应对新型冠状病毒感染的肺炎疫情的现金和物品，允许在计算应纳税所得额时全额扣除。 二、企业和个人直接向承担疫情防治任务的医院捐赠用于应对新型冠状病毒感染的肺炎疫情的物品，允许在计算应纳税所得额时全额扣除
		全额扣除	《财政部税务总局海关总署关于杭州2022年亚运会和亚残运会税收政策的公告》（财政部公告2020年第18号）	对企业、社会组织和团体赞助、捐赠杭州亚运会的资金、物资、服务支出，在计算企业应纳税所得额时予以全额扣除
21	利息支出	据实扣除	《企业所得税法实施条例》（中华人民共和国国务院令第512号）第三十七条、第三十八条、第三十九条	

续表

序号	扣除内容	扣除比例	政策依据	备注
21	利息支出	限额扣除或据实扣除	《企业所得税法实施条例》（中华人民共和国国务院令第512号）第三十七条、第三十八条、第三十九条 《关于企业关联方利息支出税前扣除标准有关税收政策问题的通知》（财税〔2008〕121号） 《关于印发房地产开发经营业务企业所得税处理办法的通知》（国税发〔2009〕31号）第二十一条	1. 接受关联方债权性投资与其权益性投资比例为：金融企业，为5∶1；其他企业，为2∶1。 2. 能够证明相关交易活动符合独立交易原则或者该企业的实际税负不高于境内关联方的，其实际支付给境内关联方的利息支出，在计算应纳税所得额时准予扣除 企业集团或其成员企业统一向金融机构借款分摊集团内部其他成员企业使用的，借入方凡能出具从金融机构取得借款的证明文件，可以在使用借款的企业间合理的分摊利息费用，使用借款的企业分摊的合理利息准予在税前扣除

续表

序号	扣除内容	扣除比例	政策依据	备注
21	利息支出	不得扣除	《关于企业投资者投资未到位而发生的利息支出企业所得税前扣除问题的批复》（国税函〔2009〕312 号）	投资者投资未到位而发生的利息支出不属于合理支出，不得在所得税前扣除
		自然人借款	《企业所得税法实施条例》（中华人民共和国国务院令第 512 号）第三十七条、第三十八条、第三十九条 《关于企业关联方利息支出税前扣除标准有关税收政策问题的通知》（财税〔2008〕121 号）	股东或关联自然人借款：处理原则见关联方利息支出；内部职工或其他人员借款：符合条件只受利率制约（条件：借贷是真实、合法、有效的，并且不具有非法集资目的或其他违反法律、法规的行为；签订借款合同）
22	向投资者支付的股息、红利等权益性投资收益款项	不得扣除	《企业所得税法》（主席令第 63 号）第十条	
23	企业所得税税款	不得扣除	《企业所得税法》（主席令第 63 号）第十条	

续表

序号	扣除内容	扣除比例	政策依据	备注
24	税收滞纳金	不得扣除	《企业所得税法》（主席令第 63 号）第十条	
25	罚金、罚款和被没收财物的损失	不得扣除	《企业所得税法》（主席令第 63 号）第十条	
26	赞助支出	不得扣除	《企业所得税法》（主席令第 63 号）第十条	
27	未经核定的准备金支出	不得扣除	《企业所得税法》（主席令第 63 号）第十条	
28	与取得收入无关的其他支出	不得扣除	《企业所得税法》（主席令第 63 号）第十条	
29	佣金和手续费支出	其他企业 5%	《关于企业手续费及佣金支出税前扣除政策的通知》（财税〔2009〕29 号）	所签订服务协议或合同确认的收入金额的 5 % 计算限额、除委托个人代理外，企业以现金等非转账方式支付的手续费及佣金不得在税前扣除

续表

序号	扣除内容	扣除比例	政策依据	备注
29	佣金和手续费支出	保险企业 18%	《关于企业手续费及佣金支出税前扣除政策的通知》（财税〔2009〕29 号） 《关于企业所得税应纳税所得额若干税务处理问题的公告》（国家税务总局公告 2012 年 15 号公告） 《关于保险企业手续费及佣金支出税前扣除政策的公告》（财政部 税务总局公告 2019 年第 72 号）	不超过当年全部保费收入扣除退保金等后余额的 18 %（含本数）的部分，在计算应纳税所得额时准予扣除；超过部分，允许结转以后年度扣除
		10%	国税发〔2009〕31 号 国家税务总局关于印发《房地产开发经营业务企业所得税处理办法》的通知第二十条	企业委托境外机构销售开发产品的，其支付境外机构的销售费用（含佣金或手续费）不超过委托销售收入 10% 的部分，准予据实扣除

续表

序号	扣除内容	扣除比例	政策依据	备注
29	佣金和手续费支出	5%	《关于电信企业手续费及佣金支出税前扣除问题的公告》（国家税务总局公告 2013 年 59 号公告）	电信企业在发展客户、拓展业务等过程中（如委托销售电话入网卡、电话充值卡等），需向经纪人、代办商支付手续费及佣金的，其实际发生的相关手续费及佣金支出，不超过企业当年收入总额 5% 的部分，准予在企业所得税前据实扣除
		不得扣除	《关于企业手续费及佣金支出税前扣除政策的通知》（财税〔2009〕29 号）	企业为发行权益性证券支付给有关证券承销机构的手续费及佣金不得在税前扣除
		不得扣除	《关于企业手续费及佣金支出税前扣除政策的通知》（财税〔2009〕29 号）	企业不得将手续费及佣金支出计入回扣、业务提成、返利、进场费等费用

续表

序号	扣除内容	扣除比例	政策依据	备注
30	不征税收入用于支出所形成的费用	不得扣除	《企业所得税法》第七条 《关于财政性资金 行政事业性收费 政府性基金有关企业所得税政策问题的通知》（财税〔2008〕151 号） 《关于专项用途财政性资金企业所得税处理问题的通知》（财税〔2011〕70 号）	不征税收入用于支出所形成的费用，不得在计算应纳税所得额时扣除；用于支出所形成的资产，其计算的折旧、摊销不得在计算应纳税所得额时扣除。 规定条件的财政性资金作不征税收入处理后，在 5 年（60 个月）内未发生支出且未缴回财政部门或其他拨付资金的政府部门的部分，应计入取得该资金第六年的应税收入总额；计入应税收入总额的财政性资金发生的支出，允许在计算应纳税所得额时扣除

续表

序号	扣除内容	扣除比例	政策依据	备注
31	维简费、安全生产费用		《中华人民共和国企业所得税法实施条例》（中华人民共和国国务院令第512号）第九条 《关于煤矿企业维简费和高危行业企业安全生产费用企业所得税税前扣除问题的公告》（国家税务总局2011年第26号） 《关于企业维简费支出企业所得税税前扣除问题的公告》（国家税务总局公告2013年第67号）	煤矿企业实际发生的维简费支出和高危行业企业实际发生的安全生产费用支出，属于收益性支出的，可直接作为当期费用在税前扣除；属于资本性支出的，应计入有关资产成本，并按企业所得税法规定计提折旧或摊销费用在税前扣除。企业按照有关规定预提的维简费和安全生产费用，不得在税前扣除
32	环境保护、生态恢复等方面		《中华人民共和国企业所得税法实施条例》（中华人民共和国国务院令第512号）第四十五条	企业依照法律、行政法规有关规定提取的用于环境保护、生态恢复等方面的专项资金，准予扣除。上述专项资金提取后改变用途的，不得扣除

续表

序号	扣除内容	扣除比例	政策依据	备注
33	租赁费	按照租赁期限均匀扣除	《企业所得税法实施条例》（中华人民共和国国务院令第 512 号）第四十七条	以经营租赁方式租入固定资产发生的租赁费支出，按照租赁期限均匀扣除
		提取折旧费用，分期扣除	《企业所得税法实施条例》（中华人民共和国国务院令第 512 号）第四十七条	以融资租赁方式租入固定资产发生的租赁费支出，按照规定构成融资租入固定资产价值的部分应当提取折旧费用，分期扣除
34	企业之间支付的管理费	不得扣除	《企业所得税法实施条例》（中华人民共和国国务院令第 512 号）第四十九条	
35	企业内营业机构之间支付的租金和特许权使用费	不得扣除	《企业所得税法实施条例》（中华人民共和国国务院令第 512 号）第四十九条	

续表

序号	扣除内容	扣除比例	政策依据	备注
36	非银行企业内营业机构之间支付的利息	不得扣除	《企业所得税法实施条例》（中华人民共和国国务院令第512号）第四十九条	
37	汇兑损失	准予扣除	《企业所得税法实施条例》（国务院令第512号）第三十九条	
38	党组织工作经费	1%	《关于国有企业党组织工作经费问题的通知》（组通字〔2017〕38号）	实际支出不超过职工年度工资薪金总额1%的部分，可以据实在企业所得税前扣除。年末如有结余，结转下一年度使用。累计结转超过上一年度职工工资总额2%的，当年不再从管理费用中安排

续表

序号	扣除内容	扣除比例	政策依据	备注
39	固定资产折旧	规定范围内扣除	《企业所得税法》（主席令第63号）第十一条、第三十二条 《企业所得税法实施条例》（中华人民共和国国务院令第512号）第五十七条、第五十八条、第五十九条、第六十条、第九十八条 《关于企业固定资产加速折旧所得税处理有关问题的通知》（国税发〔2009〕81号（条款部分失效）） 《关于企业所得税若干税务事项衔接问题的通知》（国税函〔2009〕98号）第一条 《关于贯彻落实企业所得税法若干税收问题的通知》（国税函〔2010〕79号）第五条 《关于融资性售后回租业务中承租方出售资产行为有关税收问题的公告》（国家税务总局公告2010年第13号）第二条 《关于企业所得税若干问题的公告》（国家税务总局公告2011年第34号）第四条 《关于企业所得税政策性搬迁所得税管理办法的公告》（国家税务总局公告2012年第40号）第十一条、第十二条、第十三条、第十四条 《关于企业所得税应纳税所得额若干问题的公告》（国家税务总局公告2014年第29号）第五条	不低于最低折旧年限

续表

序号	扣除内容	扣除比例	政策依据	备注
39	固定资产折旧	六大行业加速折旧	《关于完善固定资产加速折旧企业所得税政策的通知》（财税〔2014〕75 号）	对生物药品制造业，专用设备制造业，铁路、船舶、航空航天和其他运输设备制造业，计算机、通信和其他电子设备制造业，仪器仪表制造业，信息传输、软件和信息技术服务业等 6 个行业的企业 2014 年 1 月 1 日后新购进的固定资产，可缩短折旧年限或采取加速折旧的方法。 对上述 6 个行业的小型微利企业 2014 年 1 月 1 日后新购进的研发和生产经营共用的仪器、设备，单位价值不超过 100 万元的，允许一次性计入当期成本费用在计算应纳税所得额时扣除，不再分年度计算折旧；单位价值

续表

序号	扣除内容	扣除比例	政策依据	备注
39	固定资产折旧	六大行业加速折旧	《关于完善固定资产加速折旧企业所得税政策的通知》（财税〔2014〕75号）	超过100万元的，可缩短折旧年限或采取加速折旧的方法。 对所有行业企业2014年1月1日后新购进的专门用于研发的仪器、设备，单位价值不超过100万元的，允许一次性计入当期成本费用在计算应纳税所得额时扣除，不再分年度计算折旧；单位价值超过100万元的，可缩短折旧年限或采取加速折旧的方法。最低折旧年限不得低于企业所得税法实施条例第六十条规定折旧年限的60%；采取加速折旧方法的，可采取双倍余额递减法或者年数总和法

续表

序号	扣除内容	扣除比例	政策依据	备注
39	固定资产折旧	四个领域重点行业加速折旧	《关于进一步完善固定资产加速折旧企业所得税政策的通知》（财税〔2015〕106号） 《关于进一步完善固定资产加速折旧企业所得税政策有关问题的公告》（国家税务总局公告2015年第68号）	对轻工、纺织、机械、汽车四个领域重点行业（具体范围见附件）的企业2015年1月1日后新购进的固定资产，可由企业选择缩短折旧年限或采取加速折旧的方法。 对上述行业的小型微利企业2015年1月1日后新购进的研发和生产经营共用的仪器、设备，单位价值不超过100万元的，允许一次性计入当期成本费用在计算应纳税所得额时扣除，不再分年度计算折旧；单位价值超过100万元的，可由企业选择缩短折旧年限或采取加速折旧的方法

续表

序号	扣除内容	扣除比例	政策依据	备注
39	固定资产折旧	全部制造业加速折旧	《关于扩大固定资产加速折旧优惠政策适用范围的公告》（财政部 税务总局公告 2019 年第 66 号）	《关于扩大固定资产加速折旧优惠政策适用范围的公告》（财政部 税务总局公告 2019 年第 66 号）等文件的规定，自 2019 年 1 月 1 日起，适用财税〔2014〕75 号和财税〔2015〕106 号规定固定资产加速折旧优惠的行业范围，扩大至全部制造业领域
		限额一次性扣除	《关于固定资产加速折旧税收政策有关问题的公告》（国家税务总局公告 2014 年第 64 号）	企业持有的固定资产，单位价值不超过 5000 元的，可以一次性在计算应纳税所得额时扣除。企业在 2013 年 12 月 31 日前持有的单位价值不超过 5000 元的固定资产，其折余价值部分，2014 年 1 月 1 日以后可以一次性在计算应纳税所得额时扣除

续表

序号	扣除内容	扣除比例	政策依据	备注
39	固定资产折旧	限额一次性扣除	《关于设备器具扣除有关企业所得税政策的通知》（财税〔2018〕54 号） 《关于设备、器具扣除有关企业所得税政策执行问题的公告》（国家税务总局公告 2018 年第 46 号）	企业在 2018 年 1 月 1 日至 2020 年 12 月 31 日期间新购进的设备、器具，单位价值不超过 500 万元的，允许一次性计入当期成本费用在计算应纳税所得额时扣除，不再分年度计算折旧
		最短 3 年	《关于进一步鼓励软件产业和集成电路产业发展企业所得税政策的通知》（财税〔2012〕27 号）第八条	集成电路生产企业的生产设备，其折旧年限可以适当缩短，最短可为 3 年（含）
40	生产性生物资产折旧	规定范围内扣除	《企业所得税法实施条例》（中华人民共和国国务院令第 512 号）第六十二条、第六十三条、第六十四条	林木类生产性生物资产，为 10 年；畜类生产性生物资产，为 3 年
41	无形资产摊销	不低于 10 年	《企业所得税法》（主席令第 63 号）第十二条 《企业所得税法实施条例》（中华人民共和国国务院令第 512 号）第六十五条、第六十六条、第六十七条	

续表

序号	扣除内容	扣除比例	政策依据	备注
41	无形资产摊销	法律或合同约定年限	《企业所得税法实施条例》（中华人民共和国国务院令第512号）第六十七条	作为投资或者受让的无形资产，有关法律规定或者合同约定了使用年限的，可以按照规定或者约定的使用年限分期摊销
		最短2年	《关于进一步鼓励软件产业和集成电路产业发展企业所得税政策的通知》（财税〔2012〕27号）第七条	企业外购的软件，凡符合固定资产或无形资产确认条件的，可以按照固定资产或无形资产进行核算，其折旧或摊销年限可以适当缩短，最短可为2年（含）
		不可扣除	《企业所得税法》（主席令第63号）第十二条 《企业所得税法实施条例》（中华人民共和国国务院令第512号）第六十七条	自创商誉、外购商誉的支出，在企业整体转让或者清算时，准予扣除
		不可扣除	《企业所得税法》（主席令第63号）第十二条 《企业所得税法实施条例》（中华人民共和国国务院令第512号）第六十七条	与经营活动无关的无形资产

续表

序号	扣除内容	扣除比例	政策依据	备注
42	长期待摊费用	限额扣除	《企业所得税法》（主席令第63号）第十三条 《企业所得税法实施条例》（中华人民共和国国务院令第512号）第六十八条、第六十九条、第七十条	按照固定资产预计尚可使用年限分期摊销
			《企业所得税法》（主席令第63号）第十三条 《企业所得税法实施条例》（中华人民共和国国务院令第512号）第六十八条、第六十九条、第七十条	按照合同约定的剩余租赁期限分期摊销
			《企业所得税法》（主席令第63号）第十三条 《企业所得税法实施条例》（中华人民共和国国务院令第512号）第六十八条、第六十九条、第七十条	照固定资产尚可使用年限分期摊销
			《企业所得税法》（主席令第63号）第十三条 《企业所得税法实施条例》（中华人民共和国国务院令第512号）第六十八条、第六十九条、第七十条	自支出发生月份的次月起，分期摊销，摊销年限不得低于3年

续表

序号	扣除内容	扣除比例	政策依据	备注
43	全民所有制企业改制时资产评估增值的税务处理		《企业所得税法》及其《实施条例》 《关于全民所有制企业公司制改制企业所得税处理问题的公告》（国家税务总局公告 2017 年第 34 号）	改制中资产评估增值不计入应纳税所得额，其计税基础应与原有计税基础保持一致。资产增值部分享受了递延纳税待遇，其资产增值部分对应的折旧或者摊销也不得在税前扣除
44	资产减值准备金	不得扣除	《企业所得税法》（主席令第 63 号）第十条 《企业所得税法实施条例》（中华人民共和国国务院令第 512 号）第五十五条 《关于企业所得税执行中若干税务处理问题的通知》（国税函〔2009〕202 号）第二条	
45	资产损失		《关于企业资产损失税前扣除政策的通知》（财税〔2009〕57 号） 《国家税务总局关于发布〈企业资产损失所得税税前扣除管理办法〉的公告》（国家税务总局公告 2011 年第 25 号发布）	存货单笔（单项）损失超过 500 万元的，无论何种因素形成的，均应以专项申报方式进行企业所得税纳税申报

续表

序号	扣除内容	扣除比例	政策依据	备注
45	资产损失		《国家税务总局关于商业零售企业存货损失税前扣除问题的公告》（国家税务总局公告 2014 年第 3 号） 《国家税务总局关于企业因国务院决定事项形成的资产损失税前扣除问题的公告》（国家税务总局公告 2014 年第 18 号） 《关于金融企业涉农贷款和中小企业贷款损失税前扣除问题的公告》（国家税务总局公告 2015 年第 25 号） 《关于企业所得税资产损失资料留存备查有关事项的公告》（国家税务总局公告 2018 年第 15 号） 《关于金融企业涉农贷款和中小企业贷款损失准备金税前扣除有关政策的公告》（财政部 税务总局公告 2019 年第 85 号）	存货单笔（单项）损失超过 500 万元的，无论何种因素形成的，均应以专项申报方式进行企业所得税纳税申报
46	企业重组及递延纳税		《关于企业重组业务企业所得税处理若干问题的通知》（财税〔2009〕59 号，部分条款修改） 《关于发布〈企业重组业务企业所得税管理办法〉的公告》（国家税务总局公告 2010 年第 4 号，部分条款废止）	

续表

序号	扣除内容	扣除比例	政策依据	备注
46	企业重组及递延纳税		《关于促进企业重组有关企业所得税处理问题的通知》(财税〔2014〕109 号) 《关于企业重组业务企业所得税征收管理若干问题的公告》(国家税务总局公告 2015 年第 48 号) 《企业所得税法实施条例》第七十五条、《关于企业重组业务企业所得税处理若干问题的通知》(财税〔2009〕59 号) 《关于发布〈企业重组业务企业所得税管理办法〉的公告》(国家税务总局公告 2010 年第 4 号，部分条款废止) 《关于中国(上海)自由贸易试验区内企业以非货币性资产对外投资等资产重组行为有关企业所得税政策问题的通知》(财税〔2013〕91 号) 《关于非货币性资产投资企业所得税政策问题的通知》(财税〔2014〕116 号) 《关于促进企业重组有关企业所得税处理问题的通知》(财税〔2014〕109 号) 《关于非货币性资产投资企业所得税有关征管问题的公告》(国家税务总局公告 2015 年第 33 号) 《关于资产(股权)划转企业所得税征管问题的公告》(国家税务总局公告 2015 年第 40 号)	

续表

序号	扣除内容	扣除比例	政策依据	备注
46	企业重组及递延纳税		《关于企业重组业务企业所得税征收管理若干问题的公告》（国家税务总局公告2015年第48号） 《关于完善股权激励和技术入股有关所得税政策的通知》（财税〔2016〕101号） 《关于股权激励和技术入股所得税征管问题的公告》（国家税务总局公告2016年第62号）	
47	政策性搬迁		《关于发布〈企业政策性搬迁所得税管理办法〉的公告》（国家税务总局公告2012年第40号） 《关于企业政策性搬迁所得税有关问题的公告》（国家税务总局公告2013年第11号）	
48	特殊行业准备金（政策性银行、商业银行、财务公司、城乡信用社和金融租赁公司）	1%	《关于金融企业贷款损失准备金企业所得税税前扣除有关政策的公告》（2019年第86号）	金融企业按上述公式计算的数额如为负数，应当相应调增当年应纳税所得额；金融企业发生的符合条件的贷款损失，应先冲减已在税前扣除的贷款损失准备金，不足冲减部分可据实在计算当年应纳税所得额时扣除

续表

序号	扣除内容	扣除比例	政策依据	备注
48	特殊行业准备金（政策性银行、商业银行、财务公司、城乡信用社和金融租赁公司）	不得扣除	《关于金融企业贷款损失准备金企业所得税税前扣除有关政策的公告》（2019 年第 86 号）	金融企业的委托贷款、代理贷款、国债投资、应收股利、上交央行准备金以及金融企业剥离的债权和股权、应收财政贴息、央行款项等不承担风险和损失的资产，以及除本公告第一条列举资产之外的其他风险资产，不得提取贷款损失准备金在税前扣除
		限额扣除	《关于金融企业涉农贷款和中小企业贷款损失准备金税前扣除有关政策的公告》（2019 年第 85 号）	中小企业贷款，是指金融企业对年销售额和资产总额均不超过 2 亿元的企业的贷款
49	保险保障基金	限额扣除	财政部 国家税务总局关于保险公司准备金支出企业所得税税前扣除有关政策问题的通知财税〔2016〕114 号 财政部 税务总局公告 2021 年第 6 号 财政部 税务总局关于延长部分税收优惠政策执行期限的公告	

续表

序号	扣除内容	扣除比例	政策依据	备注
50	保险保障基金	不得扣除	财政部 国家税务总局关于保险公司准备金支出企业所得税税前扣除有关政策问题的通知财税〔2016〕114 号 财政部 税务总局公告 2021 年第 6 号 财政部 税务总局关于延长部分税收优惠政策执行期限的公告	
	保险公司按国务院财政部门的相关规定提取的未到期责任准备金、寿险责任准备金、长期健康险责任准备金、已发生已报案未决赔款准备金和已发生未报案未决赔款准备金，准予在税前扣除	准予扣除	财政部 国家税务总局关于保险公司准备金支出企业所得税税前扣除有关政策问题的通知财税〔2016〕114 号 财政部 税务总局公告 2021 年第 6 号 财政部 税务总局关于延长部分税收优惠政策执行期限的公告	

续表

序号	扣除内容	扣除比例	政策依据	备注
50	农业保险大灾风险准备金（简称大灾准备金）	据实扣除	财政部 国家税务总局关于保险公司准备金支出企业所得税税前扣除有关政策问题的通知财税〔2016〕114号 财政部 税务总局公告2021年第6号 财政部 税务总局关于延长部分税收优惠政策执行期限的公告	本年度扣除的大灾准备金 = 本年度保费收入 × 规定比例 - 上年度已在税前扣除的大灾准备金结存余额
51	中小企业融资（信用）担保担保赔偿准备	1%	财政部 国家税务总局关于中小企业融资（信用）担保机构有关准备金企业所得税税前扣除政策的通知财税〔2017〕22号 财政部 税务总局公告2021年第6号 财政部 税务总局关于延长部分税收优惠政策执行期限的公告	符合条件的中小企业融资（信用）担保机构按照不超过当年年末担保责任余额1%的比例计提的担保赔偿准备，允许在企业所得税税前扣除，同时将上年度计提的担保赔偿准备余额转为当期收入

续表

序号	扣除内容	扣除比例	政策依据	备注
51	中小企业融资（信用）担保机构未到期责任准备	50%	财政部 国家税务总局关于中小企业融资（信用）担保机构有关准备金企业所得税税前扣除政策的通知财税〔2017〕22 号 财政部 税务总局公告 2021 年第 6 号 财政部 税务总局关于延长部分税收优惠政策执行期限的公告	符合条件的中小企业融资（信用）担保机构按照不超过当年担保费收入 50% 的比例计提的未到期责任准备，允许在企业所得税税前扣除，同时将上年度计提的未到期责任准备余额转为当期收入
52	房地产开发企业特定业务计算的纳税调整		《关于印发〈房地产开发经营业务企业所得税处理办法〉的通知》（国税发〔2009〕31 号）	
53	合伙企业法人合伙人应分得的应纳税所得额		根据“先分后税”原则和《关于合伙企业合伙人所得税问题的通知》（财税〔2008〕159 号）文件第四条规定	
54	发行永续债利息支出		《企业所得税法》（主席令第 63 号） 《关于永续债企业所得税政策问题的公告》（财政部、税务总局公告 2019 年第 64 号）	

续表

序号	扣除内容	扣除比例	政策依据	备注
55	开办费		国税函〔2009〕98 号 国家税务总局关于企业所得税若干税务事项衔接问题的通知	（筹）办费未明确列作长期待摊费用，企业可以在开始经营之日的当年一次性扣除，也可以按照新税法有关长期待摊费用的处理规定处理，但一经选定，不得改变
56	筹办期业务招待费、广告费和业务宣传费	60% +据实扣除	《国家税务总局关于企业所得税应纳税所得额若干税务处理问题的公告》（国家税务总局公告2012 年第 15 号）第五条	企业在筹建期间，发生的与筹办活动有关的业务招待费支出，可按实际发生额的60%计入企业筹办费，并按有关规定在税前扣除；发生的广告费和业务宣传费，可按实际发生额计入企业筹办费，并按有关规定在税前扣除
57	关于以前年度发生应扣未扣支出	专项申报后扣除	《国家税务总局关于企业所得税应纳税所得额若干税务处理问题的公告》（国家税务总局公告2012 年第 15 号）第六条	对企业发现以前年度实际发生的、按照税收规定应在企业所得税前扣除而未扣除或者少扣除的支出，企业做出专项申报及说明后，准予追补至该项目发生年度计算扣除，但追补确认期限不得超过 5 年

续表

序号	扣除内容	扣除比例	政策依据	备注
58	研发费用	据实扣除 + 加计 75% 扣除	《企业所得税法》（主席令第 63 号）第三十条 《企业所得税法实施条例》（中华人民共和国国务院令第 512 号）第九十五条 《关于完善研究开发费用税前加计扣除政策的通知》（财税〔2015〕119 号）（部分条款失效） 《关于企业研究开发费用税前加计扣除政策有关问题的公告》（国家税务总局公告 2015 年第 97 号）（部分条款失效） 《关于研发费用税前加计扣除归集范围有关问题的公告》（国家税务总局公告 2017 年第 40 号） 《关于企业委托境外研究开发费用税前加计扣除有关政策问题的通知》（财税〔2018〕64 号） 《关于提高研究开发费用税前加计扣除比例的通知》（财税〔2018〕99 号）	研发活动中实际发生的研发费用，未形成无形资产计入当期损益的，在按规定据实扣除的基础上，在 2018 年 1 月 1 日至 2020 年 12 月 31 日期间，再按照实际发生额的 75% 在税前加计扣除；形成无形资产的，在上述期间按照无形资产成本的 175% 在税前摊销。根据《国家税务总局关于企业研究开发费用税前加计扣除政策有关问题的公告》（国家税务总局公告 2015 年第 97 号）规定，企业取得作为不征税收入处理的财政性资金用于研发活动所形成的费用或无形资产，不得计算加计扣除或摊销

续表

序号	扣除内容	扣除比例	政策依据	备注
58	制造业研发费用	据实扣除 + 100% 加计扣除	财政部 税务总局关于进一步完善研发费用税前加计扣除政策的公告（财政部 税务总局公告 2021 年第 13 号）	制造业企业开展研发活动中实际发生的研发费用，未形成无形资产计入当期损益的，在按规定据实扣除的基础上，自 2021 年 1 月 1 日起，再按照实际发生额的 100% 在税前加计扣除；形成无形资产的，自 2021 年 1 月 1 日起，按照无形资产成本的 200% 在税前摊销

参考文献

1. 梁瑞智．农村股份经济合作社涉税核算及问题探究［J］．财会通讯，2020（22）：1－4.

2. 梁杏芬．广州市股权收购模式旧村改造税收政策法规应用及研究［J］．中国乡镇企业会计，2019（12）：61－62.

3. 张钦霖．农村集体建设用地使用权流转的税收政策建议［J］．当代农村财经，2014（11）：19－21.

4. 李嘉明，双琦．后农业税时代农业税收问题探讨——基于创新型农业经营体系［J］．农村经济，2013（12）：49－53.

5. 文雷，张淑慧．以税收促进新型农村合作经济组织发展的路径［J］．税务研究，2013（4）：89－92.

6. 王朝才，张立成．我国农村土地流转过程中的税收问题研究［J］．财政研究，2010（9）：34－37.

7. 刘生旺，陈鑫．税收政策有效性的制度约束［J］．税务与经济，2010（5）：63－70.

8. 戴琼，于东家．农村集体经济组织形式特点与产权优化［J］．中国注册会计师，2020（5）：92－95.

9. 魏后凯．当前“三农”研究的十大前沿课题［J］．中国农村经济 2019（4）：1－5.

10. 左臣明．农村集体经济有效实现形式的路径探索［J］．中国财政，2016（11）：38－40.

11. 林冬生．农村集体产权制度改革相关财税和金融政策供需分析［J］．农村经济，2016（7）：96－99.

12. 王伟．农村社区治理中农村集体经济组织发展的若干问题［J］．学术界，2016（9）：220－225.

13. 黄延信．发展农村集体经济的几个问题［J］．毛泽东邓小平理论研究，2015（2）：9－13.

14. 郭庆海．当前农村改革的若干重大问题［J］．当代经济研究，2015（2）：36－43.

15. 方志权．关于农村集体产权制度改革若干问题的思考［J］．毛泽东邓小平理论研究，2014（11）：6－12.

16. 谢贵华．农村集体经济组织的研究回顾与前瞻［J］．重庆大学学报（社会科学版）2013，19（1）：123－129.

17. 王德祥，张建忠．我国农村集体经济形式特点及优化问题研究［J］．中州学刊，2011（4）：70－74.

18. 国务院发展研究中心课题组．欧盟的农业和税收政策

[J]. 税务研究, 2005 (6): 90－95.

19. 周晓东. 农村集体经济组织形式研究 [M]. 北京: 知识产权出版社, 2011.

20. 黄中廷. 农村集体经济产权制度改革研究 [M]. 北京: 新华出版社, 2007.

21. 许慧渊等. 产权理论与农村集体产权制度改革 [M]. 北京: 中国经济出版社, 2005.

22. 周全林. 税收公平研究 [M]. 南昌: 江西人民出版社, 2007: 73.

23. 戴琼. 供应链纳税管理 [M]. 北京: 中国财政经济出版社, 2012: 217.

24. 蔡昌. 互联网税收生态: 共生·博弈·演化 [M]. 北京: 中国财政经济出版社, 2017: 141.

后　记

2006年，我有幸作为审计和评估机构的主要负责人，全程参与和主导了奥运村地区集体经济产权制度改革的审计与评估工作，并从此与农村集体经济结下不解之缘。此后，一直从事农村集体经济组织和农村集体企业的年度报表、财务收支、经济责任、产权制度改革等审计和咨询工作。在2017年年底九部委联合下文部署的全国农村集体经济清产核资工作中，更是从农村集体资产清产核资实施细则的起草、操作指引的编写、人员的培训、操作过程的解答到后期数据的审核，都全程参与并作为专业技术支持力量践行着一名专业人员的职责。2018年，我作为“乡级集体经济管理体制机制问题研究”课题负责人，对乡级集体经济管理体制机制问题进行了系统研究并圆满完成课题。2019年，我又有幸作为农村集体经营性建设用地入市交易试点区县的“镇级联营公司规范化管理体制机制问题研究”课题负责人，对专门为农村集体经营性建设用地入市交易而组建的镇级联营公司的管理问题进行了系统研究。

在长达 15 年的农村集体经济审计和咨询服务过程中，我与农村集体经济管理部门和主管税务机关的领导们有过众多交流，深感目前广大农村集体经济，尤其是欠发达地区农村集体经济盘活存量资产、发展新型产业、促进乡村振兴和维护地区稳定所面临的艰巨任务；深感农村集体经济组织在促进地区经济发展与维护基层社会治理之间矛盾统一的艰难性；也深感农村集体经济组织在目前这一特定历史时期特殊处境和所面临税收问题的复杂性。党的十八届三中全会做出了“财政是国家治理的基础和重要支柱”的重大论断，自此，将财政与国家治理相对接，将财税体制与国家治理体系一起谋划，税制建设也就被提升到国家治理层面，并被纳入国家治理体系和治理能力现代化建设的版图。作为一名专业人员，有责任也有义务参与到国家税制建设中并为之贡献自己的微薄之力。两年前，我有幸参加北京注册会计师协会组织的专家型管理人才班，也有幸结识了温文尔雅的奚卫华教授，是她的鼓励和帮助，让我能够有勇气试图对这一复杂而宏大的问题进行投石问路。

本书内容基于我的专家型管理人才班结业论文。要感谢我的导师奚卫华教授，论文从选题到确定研究视角和研究思路，从写作初稿到最后成文，她都给予了细致入微的指导；老师严谨治学的风范、和蔼可亲的态度，以及敏锐和开阔的思路，让我受益匪浅。要感谢北京注册会计协会领导和老师，给予了我这次难得的与老师和同行们学习交流的机会。要感谢北京国家会计学院的领导和老师们对我的关怀。要感谢同学们对我的支持与鼓励，尤其是陈丹同学、高建伟同学、刘卫军同学，以及胡玲老师在研讨农村集体经济组织相关问题中给予的建议和帮助，是你们的激情与活力，让我对这个行业更加充满了希望和期待；让我们携起手来，为行业美好的未来奋力拼搏！要感谢我的同事郝永凯、冯峰、王黎维、李玉领等在我研究时给予的资料整理、数据汇总上的支持和帮助！

最后，谨以此书，献给所有从事农村集体经济管理的财务人员，以及关注农村集体经济发展和农村集体经济税收问题研究的全体同仁！您的批评和指正，将永远激励我不断前行、不断探索！

戴　琼

2021 年 5 月 25 日